어린아이의 일을 버리라

Putting Away Childish Things
Copyright © 1982, 1993 by The David and Helen Seamands Trust

Originally published in English under the title: *Putting Away Childish Things*
by Victor Books, a division of SP Publications, Inc.
Wheaton, Illinois 60187 U. S. A.

This Korean edition © 1992, 2025 by Duranno Ministry, Seoul, Republic of Korea
with permission of The David and Helen Seamands Trust
All rights reserved.

이 책의 한국어판 저작권은 The David and Helen Seamands Trust와 독점 계약한 두란노서원에 있습니다.
저작권법에 의하여 한국 내에서 보호받는 저작물이므로 무단 전재와 무단 복제를 금합니다.

어린아이의 일을 버리라

지은이 | 데이비드 A. 씨맨즈
옮긴이 | 윤병하
초판 1쇄 발행 | 1992. 10. 30.
개정 1판 1쇄 발행 | 2025. 9. 24.
등록번호 | 제1988-000080호
등록된 곳 | 서울특별시 용산구 서빙고로65길 38
발행처 | 사단법인 두란노서원
영업부 | 02)2078-3333 FAX | 080-749-3705
출판부 | 02)2078-3330

책값은 뒤표지에 있습니다.
ISBN 978-89-531-5173-4 03230

독자의 의견을 기다립니다.
tpress@duranno.com www.duranno.com

두란노서원은 바울 사도가 3차 전도 여행 때 에베소에서 성령 받은 제자들을 따로 세워 하나님의 말씀으로 양육하던 장소입니다. 사도행전 19장 8-20절의 정신에 따라 첫째 목회자를 돕는 사역과 평신도를 훈련시키는 사역, 둘째 세계선교™와 문서선교단행본·잡지 사역, 셋째 예수문화 및 경배와 찬양 사역, 그리고 가정·상담 사역 등을 감당하고 있습니다. 1980년 12월 22일에 창립된 두란노서원은 주님 오실 때까지 이 사역들을 계속할 것입니다.

과거의 상처에서 벗어나
진정한 어른이 되는 길

어린아이의 일을 버리라

데이비드 A. 씨맨즈 지음

윤병하 옮김

두란노

목 차

머리말 · 10

1부
어른이 되었다는
착각 속에 살다

1. 내 안에 상처 입은 어린아이가 숨어 있다 · 14
2. 잠재된 괴로운 기억, 우울과 분노로 나타나다 · 23

2부
미숙한 사고방식·반쪽짜리 복음과 결별하다

3. 사랑이라는 이름의 억압 · 44
"좀 더 잘해야지. 너를 위해 하는 말이야."

4. 감정 표현에 대한 세상의 통념 · 60
"씩씩한 남자아이는 울지 않아."

5. 사랑과 결혼에 대한 환상 · 74
"사랑은 로맨틱한 거야."

6. 하나님의 뜻에 대한 오해 · 89
"세상 모든 일은(악한 일도) 하나님이 의도하신 거야."

7. **기도에 대한 순진한 기대** • 100

"기도만 하면 하나님이 다 들어주셔."

8. **혼동하기 쉬운 개념** • 124

"이런 아픔을 주시다니…. 하나님은 나를 사랑하지 않아."

9. **감정에 의존하는 유치한 신앙** • 139

"하나님이 인도하실 때는 항상 특별한 감동을 주셔."

10. **자기 포기에 관한 착각** • 153

"나에 대한 주도권을 하나님께 드리면 내가 없어져."

3부

자신, 타인, 하나님과의 관계에서 성숙한 어른이 되다

11. **자기중심성을 십자가에 못 박다** • 168
12. **모든 면에서 그리스도를 닮아 가다** • 184

"내가 어렸을 때에는

말하는 것이 어린아이와 같고

깨닫는 것이 어린아이와 같고

생각하는 것이 어린아이와 같다가

장성한 사람이 되어서는

어린아이의 일을 버렸노라"

(고린도전서 13:11)

머리말

나는 한 인간이 성년기에 들어서면 어린아이 같던 성향이 점차 사라지고 어른다운 성향이 새롭게 자리 잡으리라고 생각해 왔다. 그러나 내 생각은 틀렸다. 나이로는 성인이지만 감정적, 영적인 면에서 어린아이인 사람이 많음을 알게 된 것이다. 그들이 맞이한 생일 횟수는 나이를 말해 주지만, 행동 성향은 그들이 아직 어린아이 단계에 있음을 증명한다.

신약성경은 우리의 성숙을 가로막는 어린아이 같은 성향과 행동을 '버리라'(καταργέω, 카타르게오)고 말한다. 이 헬라어에는 '내버리다, 작동을 중지시키다, 멈추게 하다, 무능하게 하다, 의미와 의의를 제거하다, 묶인 것에서 풀어 주다'라는 뜻이 있다. 사도 바울은 자신의 성숙 단계를 이렇게 이야기한다. "내가 어렸을 때에는 말하는 것이 어린아이와 같고 깨닫는 것이 어린아이와 같고 생각하는 것이 어린아이와 같다가 장성한 사람이 되어서는 어린아이의 일을 버렸노라"(고전 13:11). "어린아이의 방법을 포기했다"(버클리 성경).

'카타르게오'는 강한 어휘다. 승리와 성숙을 바란다면 부단히 애쓰고 노력해야 한다. '카타르게오'는 그것을 요구한다. 어린아이의 일은 나무에서 낙엽이 떨어지듯 자연스럽게 떨어져 나가지 않는다. 우리는 그것을 버려야만 한다. '카타르게오'해야 한다. "우리는 어린아이의 일과 결별해야 한다"(NEB).

이 책은 우리의 어린아이 같은 행동 성향을 구별하도록 도우며, 모든 면에서 그리스도에게까지 자라갈 수 있도록(엡 4:15) 우리를 사로잡고 있는 그 힘을 깨뜨릴 방법을 제시한다.

데이비드 A. 씨맨즈
David A. Seamands

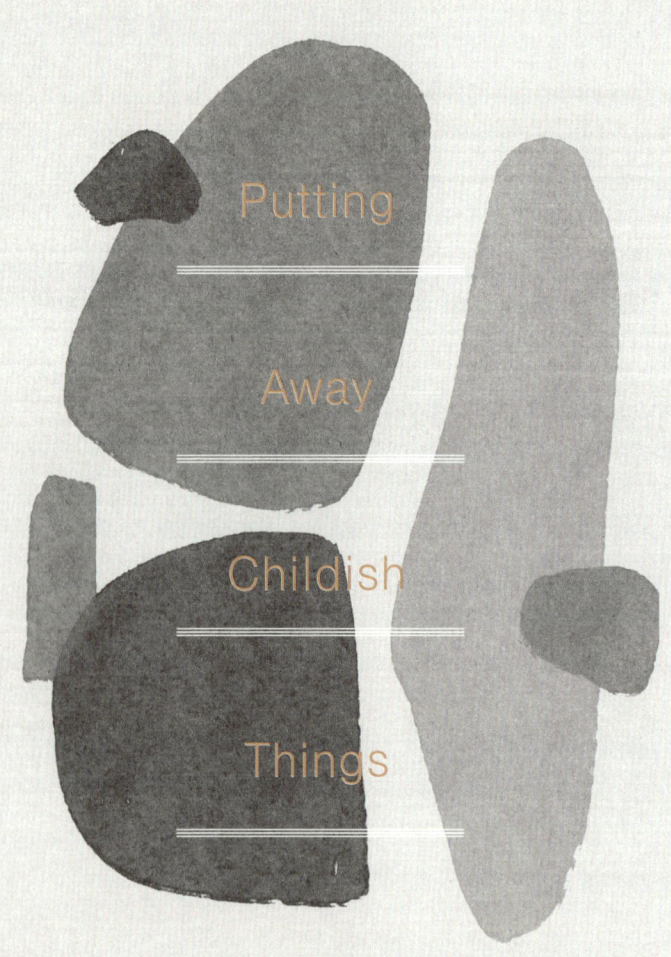

Putting
Away
Childish
Things

1부

어른이 되었다는
착각 속에 살다

1.
내 안에
상처 입은 어린아이가
숨어 있다

　당신은 언젠가, 어디에선가 어린 시절을 보냈다. 어린 시절에 자신이 어떤 사람이었는지 자세히 기억하지 못한다 해도 자신이 한때 어린이였고 십 대 청소년이었다는 사실은 여전히 중요하다. 그 아이가 지금도 당신 안에 존재하기 때문이다. 당신 안에 숨어 있는 과거의 아이는 분명 살아 있으며, 좋은 쪽으로든 나쁜 쪽으로든 당신이 하는 모든 일에 영향을 끼치고 있다.

윌리엄 워즈워스의 "어린이는 어른의 아버지"라는 말은 옳다. 당신은 과거와 완전히 결별할 수 없다. 당신은 수백만 개의 실로 복잡하게 짜인 직조물과 같다. 그중 어떤 실은 아담에게, 어떤 실은 당신을 그분의 형상으로 창조하신 분에게 이어져 있다. 당신의 존재를 형성하는 복잡한 구조 가운데 정말 중요한 많은 실이 당신의 유년기, 특히 부모-자녀 관계와 관련이 있다.

우리 속에 숨어 있는 아이, 곧 내면아이(inner child)는 인생에서 결정적 요소가 될 수 있다. 그 아이는 우리를 바른길로 인도할 수도, 아니면 잘못된 길로 인도할 수도 있다. 어떤 내면아이는 단순히 존재하는 수준을 넘어 큰 소리로 떠들고 싸우며 매우 버릇없게 굴 수도 있다. 이 아이는 자기가 좋아하는 일이면 성급하게 뛰어든다. 결국 성인의 삶에 적응하지 못하고 의미 있는 모든 관계에 상처를 내고 관계를 망친다.

그런가 하면 어떤 내면아이는 수줍고 겁이 많으며 연약하고 자기혐오적이라서 마음으로는 절실히 원해도 친구를 사귀지 못하고, 표현하고 싶은 의견이 있지만 소리 내어 말하지 못하고, 중요한 책임을 감당하지 못한다. 내면아이는 당신이 잠재력을 발휘한다면 될 수 있었던 그 사람이 되지 못하게 방해할 수 있다.

내면아이가 이러한 능력을 행사하기 때문에 당신 안에 존재하는 그 아이를 아는 것은 정말 중요하다. 다만 이 시점에 경고해야 할 사항이 있는데, 우리가 사는 이 세계가 심리학에 지나치게 빠져 있다는 것이다. 심리학 개론서만 읽은 사람이 아마추어 정신

분석가가 된 양 행동한다. 이런 사람들이 내리는 가장 큰 오판은 자신의 과거를 들춰 보며 현재 행동에 대한 변명거리를 찾는다는 점이다. 이들은 "부모님, 형제들, 주위 환경과 선생님, 그리고 여러 사건이 지금의 나를 만들었어요. 만일 그 일만 없었더라면, 지금 나는 잘 살고 있었을 거예요"라고 말한다.

나는 이렇게 책임을 전가하는 사람에게, 자신의 과거를 돌아보고 내면아이가 당신의 삶을 지배하도록 허용한 부분이 무엇인지 찾아보라고 권한다. 그래야 더 책임감 있는 사람이 될 수 있기 때문이다. 자신에게 변화가 필요한 부분, 용서하거나 용서받아야 할 부분, 치유되어야 할 부분, 매일 훈련이 필요한 부분을 생각해 봐야 한다. 자신을 성찰해야 당신이 되고자 했던 모습, 곧 성령의 치유하시는 능력으로 자유를 얻은 하나님의 자녀가 될 수 있다.

당신을 좌절하게 만드는 내면아이를 찾아낸다면 그 내면아이를 '내보낼'(카타르게오) 수 있다. 내면아이의 능력을 깨뜨리고 무력하게 만들 수 있다. 내면아이의 영향력에서 헤어날 수 있다면 모든 면에서 그리스도 안에서 성숙해진다. 열매를 맺고 승리를 가져다주는 완전한 사랑을 할 수 있다.

변덕이 심한 아이

1960년대, 심리학자 휴 미실다인은 베스트셀러 《몸에 밴 어린 시절》(*Your Inner Child of the Past*)을 썼다. 현재까지도 이 분야의 고전으로 꼽히는 이 책은 우리의 성격 형성에 부모의 행동이 얼마나 큰 영향을 끼치는지를 보여 준다. 이번 장에 그의 생각을 일부 인용했다. 미실다인에게 감사를 보낸다.

내면아이는 그 아이가 가장 편안함을 느끼는 장소, 즉 '집'에서 가장 분명히 드러난다. 집처럼 느껴지는 개인적인 접촉과 관계에서도 마찬가지다. 성숙하게 살아가기 가장 힘든 영역은 친한 친구, 방을 같이 쓰는 사람, 애인, 직장 동료, 가족과의 관계다. 이렇게 친밀한 관계에서는 내면아이가 주도권을 잡으려 들기 때문이다.

일상적으로 살아갈 때 우리는 공적으로 매우 공손하고 잘 통제된 자아를 내보인다. 친하지 않은 사람들과 함께 있을 때는 성숙하고 합리적이며 함께 지내기에 꽤 괜찮은 사람이다. 그러나 가까운 인간관계로 들어오면 상황은 달라진다. 깊은 우정, 사랑, 결혼 또는 매우 긴밀한 동업 관계 속으로 들어오면 이 작은 내면아이가 얼마나 빨리 지배해 버리는지 모른다. 내면아이는 아주 불합리하고 완고하며 요구가 많거나, 수줍어하고 겁이 많으며 연약할 수 있다. 우리는 자신의 생각과 느낌, 자신이 내뱉는 말에 스스로 놀라거나 충격을 받을 정도로 완전히 다른 사람이 될 수도 있다.

우리가 자신의 행동을 정직히 들여다본다면 현 상황을 그대로 인지해서 반응한 것이 아님을 알 수 있다. 우리 속에 숨겨진 과거의 아이가 갑자기 나타나 아동기의 사건이나 관계에서 그랬듯 반응한 것이다. 우리는 어른으로서 행동하지 않았다. 눈에 보이는 현재 상황이 아니라 전혀 다른 상황에 반응하고 있었다.

월모어교회 목사로 부임했던 해가 기억난다. 그 지역 목사들은 매일 아침 순번대로 라디오 방송국에서 생방송 예배를 인도했다. 프로그램은 15분짜리로 9시 15분에 시작했고, 내 순서는 10주 혹은 12주마다 돌아왔다.

하루는 사무실에서 지체하는 바람에 방송국까지 급하게 가야 했다. 도착하니 9시 12분이었다. 예배는 어김없이 3분 후에 시작했다. 방송이 끝나자 나는 스튜디오에서 나와 방송국 사무실로 들어갔다. 젊은 직원이 나를 올려다보며 말했다. "목사님, 10분 전에 와 주시면 감사하겠습니다." 내 얼굴은 확 달아올랐고 나도 모르게 격한 감정으로 불쑥 말해 버렸다. "방송에 늦은 건 아니잖소!"

직원은 조금 놀란 듯했지만 아무 말도 하지 않았다. 내가 밖으로 나와 버렸기 때문이다. 차를 몰아 월모어로 돌아오는 동안에도 화는 풀리지 않았고 마음이 불편했다. 나는 투덜거렸다. "도대체 그 직원은 왜 그렇게 얄밉게 구는 거야? 목사가 얼마나 바쁜 사람인데…. 그 프로그램 때문에 아침 시간을 얼마나 뺏기는지 생각도 안 해 봤을걸? 오가는 시간만 해도 한 시간인데 말이야!"

월모어에 도착할 때까지도 나는 속이 상해 있었다. 그러다 불현듯 깨달았다. 나는 나에게 말했다. "씨맨즈, 왜 이렇게 화가 난 거야?"

자신의 반응을 점검할 수 있는 좋은 기준이 있다. 만일 자신의 행동이 사건에 비해 과했다면 내면아이가 활동했다고 일단 의심하는 것이 좋다.

위의 사건에서 어린 시절의 경험이 내 마음속에서 놀라울 정도로 다양한 감정과 느낌으로 재생되었다. 나는 방송국의 그 직원에게 말하고 있었던 것이 아니라 어린 시절의 한 사건을 다시 경험하고 있었음을 깨달았다. 내 안의 상처받은 소년의 모든 감정이 그 대화에 튀어나온 것이다.

그 사실을 확실히 깨닫고 나서 나는 성령님께 그 사건과 연관된 기억의 가시를 뽑아내 주시기를, 내 삶에 더 이상 영향을 끼치지 못하도록 그 경험을 무력화하고 지워 주시기를 간구할 수 있었다. 다음 날 나는 직원에게 사과했고 내 양심과 방송국 분위기를 새롭게 할 수 있었다.

혼란스러운 아이

우리 삶에서 내면아이를 가장 자주 볼 수 있는 곳은 가정, 특히 부부라는 친밀한 관계에서다. 결혼을 두 사람이 한다고 생각한다면 틀렸다. "둘이 한 몸을 이룰지로다"라고 하신 말씀은 옳다. 그러나 문제는 네 사람이 결혼했다는 것이고 그래서 때로 집안이 복잡하다는 것이다. 두 명의 성인, 두 명의 내면아이가 함께 사는 셈이니 그렇다. 두 성인이 주도권을 잡고 있을 때는 아무 문제가 없다. 그러나 집은 쉬는 공간이자 자유롭게 행동하는 곳이기에 과거의 아이로 되돌아가기가 쉽다. 이러한 이유로 남편이나 아내의 내면아이는 재미가 들려 집안 여기저기를 뛰어다닌다. 네 명이 각자의 가정환경에 따라 각기 움직이기 시작하면 상황은 정말이지 흥미진진해진다.

이 넷이 주로 충돌하는 분야는 재정, 애정, 성생활, 자녀 교육이다. 잘 이해가 안 된다면 눈물을 머금고 나를 찾아온 남편의 이야기를 들어 보자. "제 자신을 이해할 수 없어요. 저는 아내를 지극히 사랑하는데 아내에게 상처를 줍니다. 오늘 저녁에는 달라질 거라고 직장에서 하루 종일 다짐합니다. 그런데 집에 들어가기만 하면 어떤지 아십니까? 종일 연습했던 부드러운 사랑의 말은 모조리 목에 걸려 나오지 않습니다. 문에 들어서기만 하면 저는 잔소리하는 어머니 앞에서 무서워 떠는 조그만 아이가 되는 겁니다. 아내에게 종일 보고 싶었다는 말을 하는 대신에 아무것도 아닌 일로 아내를 야단치고 아내의 마음을 아프게 합니다." 이제 이해가 되는가?

어느 아내의 이야기도 있다. "남편이 아이들을 야단치기 전까지는 괜찮아요. 그런데 야단치는 걸 보면 제가 참질 못해요. 아이들에게 너무한다는 생각이 들거든요. 저도 아이들이 잘못했을 때는 따끔하게 혼내야 한다고 인정하면서도 말이에요. 하지만 그이가 아이를 훈계한다고 아이 엉덩이라도 때리면 저는 아버지가 떠올라요. 결국에는 남편과 싸워요. 제가 마치 무서워 떠는 소녀가 되는 느낌이에요."

통제권을 가진 아이

무엇보다 큰 비극은 이 아이가 우리를 속박한다는 것이다. 우리를 과거에 묶어 두고 어린 시절에 했던 대로 반응하도록 얽매고 있다. 우리는 자유롭게 사랑하지도 못하고 가정이나 인간관계를 새롭게 하지도 못한다. 주도적으로 행동하지 못하고 그저 반응만 할 뿐이다. 응답만 할 뿐 창조적인 사랑은 못하는 것이다.

사도 바울은 위대한 사랑을 말하는 고린도전서 13장에서 어린아이의 일을 버림에 대해 이야기한다. 우리를 성숙시키는 완전한 사랑은 두려움을 몰아내고 창조력과 새로움을 가져다준다. 그러나 숨겨진 내면아이를 처리하기 전에는, 즉 어린아이의 일을 '버리기' 전에는 이런 유형의 사랑이나 성숙은 불가능하다.

교만을 내려놓고 자기 모습을 직시하며 성령님께 주도권을 드린다면 성령님은 당신 삶의 이 문제를 해결하실 것이다. 당신이 정말 그렇게 되기를 원한다면, 성령님께 당신의 실체를 보여 달라고, 타인과 어떻게 관계 맺어야 할지 가르쳐 달라고 간구하라. 그리스도인다운 삶에 실패하게 만드는 행동 유형이 반복되고 있다면 그 행동을 정직하게 직시해야 한다.

물론 쉽지 않을 것이다. "그런 식으로 행동한 건 내 속의 아이가 그렇게 주장했기 때문이야. 나도 어쩔 수 없었어"라고 인정하기란 힘든 일이다. 자신을 솔직하게 볼 수 있도록 도와줄 친구를 찾아가야 한다면 그것도 고통스러운 일일 수 있다. 문제가 없는데 상상해 낼 필요는 없지만 문제가 있다면 직면하기를 두려워하지 말라.

멋진 신앙 체험을 고백하면서도 일상생활에서는 계속 좌절하고 그리스도인으로서 영향력을 잃어버린 사람들이 있다. 나는 매주 그런 사람들을 만나고 있는데 하나님은 어느 누구도 그렇게 살기를 원하시지 않는다. 하나님은 치유와 풍성함과 정결함과 승리를 주고자 하신다. 성령의 능력으로 우리가 내면아이에게서 벗어나 모든 면에서 예수님에게까지 자라나기를 바라신다.

상담 시간 막바지에 내게 이런 말을 한 사람이 있다. "목사님의 말이 옳다면 나는 살아 본 적도 없는 사람입니다. 다시 태어나서 처음부터 모든 걸 다시 시작해야겠군요." 당신도 어쩌면 이러한 다시 태어남과 내면아이의 손아귀에서 벗어나는 일이 필요할지 모른다. 이것이 하나님의 목적이다. 당신의 목적도 하나님과 같기를 바란다. 어떤 대가를 치르더라도 말이다.

> 은혜로우신 성령님께 제 마음을 엽니다. 주님이 제 모습 그대로를 보실 수 있도록, 마음의 장벽 뒤에 숨지 않고 주님 앞에 나아갑니다.
> 주님, 주님의 빛을 비추어 저의 내적 자아를 드러내 주소서. 저를 미성숙과 어린아이 같음에 묶어 두는 사슬을 끊으소서. 제가 온전해지고 주의 성령으로 충만하도록 제 마음을 준비시켜 주소서. 아멘.

2.
잠재된 괴로운 기억,
우울과 분노로 나타나다

    1966년 어느 주일 저녁, 두려움과 망설임으로 "성령과 상한 감정의 치유"라는 설교를 전했던 일이 기억난다. 그 설교만큼 하나님이 이 보잘것없는 사람을 쓰신 설교는 없을 것 같다. 설교 테이프는 전 세계에 퍼져 나갔고, 자신의 감정에 속박받던 이들을 풀어 주는 도구로 쓰였다.

    1967년, 내가 그 제목으로 책을 쓴 줄 알았던 여성에게 편지를 받았다. 편지에는 "씨맨즈 목사님, 저에게 목사님의 상한 감정을 보내 주십시오"라고 쓰여 있었다. 내 상한 감정 말고 그 여성의 상한 감정만으로도 충분하리라는 생각이 든다. 결국 1981년에 《상한 감정의 치유》(Healing for Damaged Emotions)가 출간되었다. 모쪼록 그 여성이 내 책을 갖고 있기를 바란다.

내가 기억하는 한 '기억의 치유'(the healings of the memories)는 전 세계를 다니며 하나님께 쓰임받는 기적적인 치유 사역가이자 성공회 작가인 아그네스 샌포드가 사용한 어휘다. 용어는 그녀의 것이지만 그 기본 의미는 기독교 상담자들과 심리학자들이 오랫동안 써 왔다. 여러분이 다른 책에서 접한 용어나 개념을 여기 사용한다고 해서 내가 사과할 필요는 없을 것이다. 하나님께서 이 주제에 관해 여러 사람을 동시에 감동시키신 것 같다. 옛말에 "한 사람의 아이디어를 가져다 쓰면 표절이지만 두 사람의 아이디어를 가져다 쓰면 연구다"라는 말이 있기도 하니 말이다.

나는 신학자도 아니고 심리학자도 아니다. 목회자이자 전도자이며 상담자일 뿐이다. 나는 원죄와 상한 감정의 관계에 대해 전문적인 답을 줄 수 없다. 육적인 마음과 혼란스러운 감정도 정확히 구분하지 못한다. 내면아이에 대한 설교를 들은 성도가 찾아와 농담하듯 이렇게 말한 적이 있다. "목사님, 저는 줄곧 '옛사람'(old man)이 문제라고만 들었는데, 목사님은 내 안에 있는 '어린아이'(little child)가 문제를 일으킨다고 하시는군요."

나에게는 모든 것에 적용되는 완벽한 신학적 해답이 없다. 그러나 신학 서적과 성인들의 전기를 읽고 내 영적인 삶에 솔직하게 비춰 보면서 완전함 속에 수많은 불완전함이 있음을 깨닫게 되었다. 다윗 왕은 이런 기도를 드렸다. "자기 허물을 능히 깨달을 자 누구리요 나를 숨은 허물에서 벗어나게 하소서 또 주의 종에게 고의로 죄를 짓지 말게 하사 그 죄가 나를 주장하지 못하게 하소서 그리하면 내가 정직하여 큰 죄과에서 벗어나겠나이다"(시 19:12-13).

잠재의식

문제를 일으키는 내면아이를 다루기에 가장 좋은 시작점은 그 아이가 자신을 실제로 느끼는 곳, 즉 우리의 기억 속이다. 무의식과 연결해서 이 문제를 거창하게 이야기하고 싶은 사람도 있겠지만, 개인적으로 나는 우리가 그 부분을 좀 과하게 다루고 있다고 생각한다. 우선 잠재의식 또는 전의식(前意識, preconscious mind)에 대해 이야기해 보자.

사람들이 무의식을 부풀려 강조하는 이유는 자신의 잘못된 행동에 대해 책임을 회피할 수 있는 변명거리를 찾기 때문이라고 생각된다. 그래도 무의식이라는 용어에 끌린다면 기억해야 할 것이 있다. 무의식은 실체나 물건이 아니라 인격의 깊이를 표현하는 기술적 묘사 언어라는 사실 말이다. 마음의 잠재의식층을 무엇이라 부르든 간에, 우리가 경험한 것은 어떤 것도 잊히지 않는다는 사실을 알아야 한다. 의도적으로 기억해 내지는 못한다 해도 인생

여정에서 한 번이라도 마주친 것은 당신 기억 속에 살고 있다. 기억 창고에 쌓이는 것이다. 이것은 놀랍고도 두려운 사실이다. 또한 인간이라는 존재의 비극이자 위대함이기도 하다.

무엇보다도 중요한 것은, 마음 깊은 곳에 존재하는 잠재의식을 정결하게 하시고 기억의 창고를 새롭게 채우시도록 성령님께 주도권을 드린다면 이 부분을 인격의 가장 창조적인 부분으로 바꿀 능력을 받으리라는 것이다.

오래전, 나는 설교 준비에 도움이 되는 잠재의식의 놀라운 능력을 깨달았다. 설교 제목, 개략적인 내용, 전하고자 하는 몇몇 개념을 몇 주 혹은 몇 달 전에 마음속 깊이 넣어 두기만 하면, 내가 설교를 준비하는 것이 아니라 설교의 일부가 내 안에서 저절로 만들어진다. 다른 일로 바쁠 때에도 잠재의식은 늘 그 설교에 집중되어 있다.

시간이 부족하고 바쁘게 살고 있다면 여러분도 일단 마음에 어떤 아이디어를 넣어 두라. 그러면 그 아이디어가 당신 안에서 진행된다. 당신이 준비되기만 하면 당신이 필요로 했던 것도 준비될 텐데, 이는 마음과 기억의 이 깊은 층이 놀라운 능력으로 만들어 낸 것이다.

1920년 10월의 어느 날 저녁, 프레더릭 밴팅 박사는 다음 날 있을 강의를 준비하고 있었다. 그는 작은 병원을 연 젊은 의사였고 생계를 위해 강의도 하고 있었다. 그는 몇 시간째 당뇨 관련 문헌을 연구하고 있었는데 당시만 해도 이 무서운 질병을 통제할 수 있는 치료법을 의학이 제시하지 못하고 있었다. 밴팅의 머릿속에는 여러 상반되는 이론들과 개를 이용한 실험에서 얻은 실험 결과들이 뒤엉켜 있었다.

지친 그는 저녁 늦게 잠자리에 들었다가 새벽 두 시에 갑자기 잠에서 깼다. 그의 잠재의식이 몇 가지 아이디어를 알려 준 것이다. 밴팅은 노트에 세 가지 짧은 문장을 써 놓고는 다시 잠들었다. 바로 이 세 문장이 인슐린 발견으로 이어졌다. 그의 의식이 아무것도 하지 못할 때 잠재의식이 해결책을 찾아낸 것이다. 그 잠재의식 덕분에 당뇨로 고생하던 수백만 명이 희망을 얻었다.

그러나 잠재의식은 악과 비극도 만들어 낼 수 있어서 오히려 고통이 될 수도 있다. 이는 특별히 어릴 때의 고통스러운 기억과 연관된다. 이런 기억을 마음 밖으로 몰아내려 하다가는 오히려 더 깊이 묻어 버리게 되고 그 기억들은 더 이상 출구를 찾지 못한다. 그 결과 어린 시절에 상처받았으나 표현하지 못했던 강렬한 감정은 지금도 표현될 길이 없다. 그 기억은 우리 마음속에 묻혀 있지만 살아 있고, 놀라운 지속성과 폭발적인 힘을 갖고 있다.

그런 잊힌 고통에서 자유롭다고 생각한다 해도 실은 그렇지 못하다. 깊이 가라앉은 기억은 즐거운 기억들이 마음을 채우는 방식처럼 저장될 수는 없다. 우리는 그런 아픈 기억이 의식에 들어오지 못하도록 문을 꼭꼭 걸어 잠그려 한다. 결국 마음의 문을 통해 들어오지 못한 기억들은 변장을 하고 다른 문을 통해 우리 인격 속으로 들어오려 시도한다.

이러한 기억들을 의식의 표면 아래에 두기 위해 억누르려면 엄청난 노력이 필요하고 에너지를 끊임없이 소모하게 된다. 8시간 동안 충분히 수면을 취하고도 아침이면 여전히 피곤한 상태로 일어나는 사람이 있다. 왜 그런가? 밤새도록 인격의 깊은 곳에서 싸움이 일어나 에너지를 소모해 버렸기 때문이다.

많은 사람들이 해결되지 않은 고통스러운 기억 때문에 수년간 긴장한 채 살아가고, 그 짐은 점점 무거워진다. 그런 사람이 인내심이 바닥나고 에너지가 고갈되면 감정적 위기 상황에 처할 가능성이 높아진다. 신체적으로 탈진하거나 병에 걸리거나 외상성 충격이 가해지면 더 약해지고, 과거의 고통스러운 사건과 연관된 일이 벌어지면 그토록 오랫동안 덮어 두려 했던 기억들이 깨어나고 활성화된다.

잠자고 있던 과거의 그 아이가 깨어나면 그 사람의 태도, 반응, 가치관, 행동 전반을 지배한다. 잠재되어 있던 감정은 다시 살아나 깊은 우울, 분노, 통제할 수 없는 정욕, 열등의식, 두려움, 고독, 거절당한 느낌으로 표현된다.

그런 고통스러운 기억은 회심 경험이나 성령 충만을 통해서도 저절로 해결되지 않는다. 은혜 안에서 성장한다 해도 그 기억까지 반드시 변화되는 것은 아니다. 그런 기억들은 영적 성장에 방해가 되며 그 기억에서 벗어나기 전까지는 진정 성숙해지지 못한다. 마치 인격의 특정 부분이 깊은 냉동고나 타임캡슐 안에 있는 것과 같다. 몸이 자라고 정신은 발달해도 그 부분은 여전히 얼어붙어 있다.

인생의 유년기에 갇힌 그는 여전히 소년 혹은 소녀로 살아간다.

불행히도 이러한 기억들은 평범한 기도로는 어떻게 할 수 없는 부분인 듯하다. 어떤 때는 기도가 고통을 악화시키는 듯 보이기도 한다. 늪에서 빠져나오려고 애쓸수록 더 깊이 빠져드는 상황과 같다. 이런 상황에서는 특별한 중보기도와 치유가 필요하다고 나는 믿는다. 그런데 현재의 그에게는 전혀 잘못이 없다는 것이 사실 혼란스러운 점이다. 이것을 이해하지 못한 그리스도인 친구들은 "네가 죄를 지어서 그래" 또는 "네가 회개해야 할 죄가 있는 것 같아"라고 비난하기도 한다.

이런 사람들은 하나님께 불순종했다는 죄책감을 느끼는데 사실은 불순종한 일이 전혀 없을 때도 그렇다. 어떤 면에서 그들은 열심히 노력하는, 신실하고 참된 그리스도인이다. 이들은 전심으로 성경을 읽고 기도하고 자신의 약점과 씨름한다. 친구들은 그들에게 성경 말씀이나 책, 수많은 충고를 건넨다. 그러나 이 모든 것 때문에 더 고통스러워지고 환멸을 느끼거나 때로는 삶에 절망한다.

이런 사람들을 비난하지 말라. 현재 그의 마음에는 아무 문제가 없다. 그리스도를 향한 그들의 헌신은 확실하며, 할 수 있는 한 온전히 그리스도께 순복하고 있다. 문제는 마음속에 여전히 살아 있으면서 억압되어 있는, 표현되지 못한 어린 시절의 자아에 있다. 이 자아는 계기만 있으면 다시 살아나 그를 지배한다.

치유하는 기도

이 상황에서는 무엇을 해야 하는가? 고통스러운 기억을 치유하는 기도가 필요하다. 아동기와 십 대에 겪은 일 때문에 성장이 멈춰 버리고 억압되어 있고 성장의 한 지점에 얼어붙어 있는 사람이 있다면 치유받도록 기도해야 한다. 이 모든 기억을 치유해 달라고 하나님께 기도해야 한다. 그때 비로소 고통과 억압에서 벗어날 수 있다.

아마 당신은 이렇게 질문할 것이다. "그러면 어떻게 되죠? 더 이상 기억하지 않게 되나요? 기억이 지워지는 건가요?" 절대 아니다! 그러나 그 기억을 둘러싼 감정들의 힘, 곧 쓰라림, 아픔, 두려움, 증오, 상처, 정욕이 사라진다. 우리가 그것을 버릴(카타르게오) 때, 위력적이었던 의미들이 상실된다. 그것들은 생명력을 잃고 더 이상 성인의 삶에 영향을 미치지도 작동하지도 않게 된다.

이렇게 묻는 사람이 있다. "그게 어떻게 가능하죠? 그 아동기 경험은 이미 수십 년 전에 지나간 경험인데, 그 먼 과거의 아이에게 현재의 기도가 무슨 상관이 있습니까? 말도 안 됩니다." 그때 나는 예수님이 하신 말씀을 들려준다. "너희가 성경도, 하나님의 능력도 알지 못하는 고로 오해하였도다"(마 22:29).

성경은 예수 그리스도께서 시간을 초월하신다고 수없이 말한다. "예수 그리스도는 어제나 오늘이나 영원토록 동일하시니라"(히 13:8). 세례 요한은 예수님에 대해 "내가 전에 말하기를 내 뒤에 오시는 이가 나보다 앞선 것은 나보다 먼저 계심이라"(요 1:15)고 했다. 유대인들은 어느 날 예수님을 비웃으며 말했다. "네가 아직 오십 세도 못 되었는데 아브라함을 보았느냐"(요 8:57). 예수님의 대답은 이러했다. "진실로 진실로 너희에게 이르노니 아브라함이 나기 전부터 내가 있느니라"(요 8:58).

나사렛 예수는 시간의 장벽을 뚫고 역사 속에 들어오신 영원하신 그리스도시다. 그분은 우리 시간으로 33년간 이 세상에서 사셨다. 그러나 시간은 제한된 개념이다. 시간은 나와 당신이 현실을 조각으로, 혹은 부분으로 경험하는 방식일 뿐이다. 우리는 시간을 과거, 현재, 미래로 나눈다. 그러나 예수님은 시간을 초월하신다. "영원부터 영원까지 주는 하나님이시니이다 … 주의 목전에는 천 년이 지나간 어제 같으며"(시 90:2, 4).

우리 주님은 시간의 제한을 받지 않으신다. 그분은 시간을 거슬러 올라가, 우리의 상처받은 내면아이를 돌보실 수 있는 영원한 현재이시다. 예수님은 사랑받기를 간절히 원했지만 그런 사랑을 끝내 받지 못했던 아이를 사랑의 품에 안으시고 위로하실 수 있다. 이해받기 위해 안간힘을 썼지만 끝내 이해받지 못했던 아이를 이해하실 수 있다. 그 아이에게 정말로 필요했으나 그가 받아 보지 못한 무조건적이고 수용적인 사랑으로 그 아이를 안심시키실 수 있다. 죄책감과 수치심으로 가득한 아이를 용서하시고 격려하시며, 그가 받은 정죄감과 모멸감을 존귀함과 정결함으로 바꿔 주실 수 있다. 그렇다. 온유하고 영원한 목자이신 예수님은 어린양을 그분의 팔로 안으시고 그들의 상처받고 고통스러운 기억을 치유하실 수 있다.

내 경험상, 치유가 필요한 내면아이는 대개 네 가지 유형이다. 곧 상처받은 아이, 미움받은 아이, 수치를 당한 아이, 두려워하는 아이다. 우리를 붙잡고 짓누르며, 마치 최면을 건 듯 우리를 지배하는 기억들은 감정적 고통, 분노, 증오, 두려움, 수치심의 기억들이다. 때로는 이 모든 것이 뒤섞여 있기도 하다.

증가 추세에 있는 갖가지 형태의 성적 학대는 강간, 동성애, 실연, 근친상간의 기억과도 연관된다. 평상시에는 신실한 그리스도인으로 사는 사람들도 거의 최면적이라 할 만큼 충동적이고 강압적인 정욕을 간혹 경험한다. 그들의 상상력은 마음의 벽에 추한 그림을 그리고 자신을 죄책감과 우울과 파멸로 몰아간다. 성에 대해 뿌리 깊은 불신과 반감을 갖고 있어서 의미 있는 부부관계를 맺지 못하기도 한다.

갇혀 있던 과거에서 풀어 주심

사람들의 기억이 치유되기를 기도하면서 경험한 사건 몇 가지를 나누고 싶다. 마이크는 주일학교 학생들에게 사랑받는 교사이자 청년 지도자요 헌신된 그리스도인이다. 그러나 하나님의 사랑을 완전히 믿지 못하고 심한 내적 갈등을 겪고 있었다. 분노와 고통과 정욕에 휩싸이기도 했다. 하나님이 마이크 자신을 버리셨고 멀리 떠나 계신다고 생각했으며 그 때문에 죄책감과 불안감을 느끼기도 했다.

우리는 여러 번 상담하고 일반적인 방법으로 기도해 보았으나 진정한 해결을 보지 못했다. 어느 날 나는 마이크에게 기억 치유 개념을 이야기했다. 책과 테이프를 빌려주면서, 그것을 읽고 듣는 동안 마음속에 떠오르는 상처받고 고통스러운 기억을 써 보라고 권했다.

마침내 마이크가 이 특별한 기도를 드릴 준비가 되었을 때, 우리는 방해받지 않을 시간에 여유롭게 만나서 성령님께 마음을 열고 기도하기 시작했다. 하나님이 이 방에 함께 계심을 생각하면서 서로에게, 그리고 하나님께 이야기하듯 기도했다.

그러자 마이크의 마음속에 여러 장면들이 떠올랐는데, 그중 하나는 매우 억압적이고 끝도 없이 계속되는 가혹한 장면이었다. 이 장면은 그의 어린 시절의 핵심적인 부분으로, 지금도 그 일에 관해 거듭 악몽을 꿀 만큼 강력한 기억이었다. 마이크의 아버지는 진지하고 성실했지만 매우 엄한 훈육자였다. 마이크가 실수할 때마다 헛간에 밀어 넣고 용서해 달라고 울부짖으면서 어머니와 형제들에게 꺼내 달라고 소리 지를 때까지 허리띠로 매질을 하곤 했다. 마이크가 문 쪽으로 도망가면 문을 가로막고는 "잘못했어요"라고 말하게 시켰다. 마이크는 잘못했다고 반복해서 빌어야 했다. 그러면 아버지는 마이크에게 아버지를 껴안고 입 맞추라고 시켰다.

우리가 함께 기도하며 이 기억을 주님께 말씀드리는 동안 마이크는 그때의 감정을 다시 겪게 되었다. 원망과 고통과 두려움이 그의 목소리에 담겼다. 나는 어떻게 말해야 할지 몰랐고, 성령님의 인도를 기다리며 내 안에서 나를 통해 기도하시기를 구했다.

그다음 일은 갑자기 진행되었다. 기도하던 나는 어린 마이크를 보았고, 우리 둘은 그 무서운 헛간에 갇이 있었다. 나는 그가 감정적으로 그 헛간에서 아직도 나오지 못했음을 알았다. 아버지가 가로막은 문 밖으로 15년간이나 나오지 못한 것이다. 그는 아직도 울부짖으며 두려움에 질려 있었고 분노에 휩싸여 있었다.

나는 기도를 시작하면서 이것이 성령님께서 로마서 8장 26-27절 말씀, 곧 우리를 위해 기도해 주신다는 말씀의 참뜻임을 믿었다.

"예수님, 우리는 헛간 안에 있습니다. 이 어린아이를 팔로 안으시고 눈물을 씻어 주시고 두려움을 내쫓으시고 마음을 치유해 주세요. 주님, 문을 열어 마이크가 문밖으로 나가게 주세요."

마이크는 주체할 수 없이 흐느끼기 시작했다. 나는 계속 기도했다. "주님, 마이크는 파란 하늘을 본 적이 없습니다. 아직도 헛간 안에 갇혀 있습니다. 지금 문을 열어 주세요. 마이크를 풀어 주셔서 자유롭게 해 주세요."

기도 중에 그 일이 이루어졌다. 예수님이 헛간에 들어오셔서 무서워하는 어린 마이크를 안으시고 위로하시며 사랑해 주시고 치유해 주셨다. 그의 모든 상처와 흉터가 길르앗의 향유로 깨끗해졌다. 헛간 문이 열리고, 겁먹고 상처받고 미움으로 가득 찬 소년을 예수님이 문밖으로 데리고 나가셔서 파란 하늘 아래 하나님의 사랑이라는 맑은 공기를 마시게 하시는 모습을 우리는 함께 지켜보았다.

고통스러운 기억을 치유해 주심

"사람이 늙었어도 정말로 다시 태어날 수 있습니까?"라고 물었던 니고데모처럼 나도 그 문제가 궁금하곤 했다. 젊은이들의 거듭남이 더 쉬울 수 있다는 말은 수긍이 간다. 그러나 집회 후 나를 찾아왔던 40대 중반 여성인 앤에 대해 이야기해 보자. 앤에게는 십 대 자녀들이 있다. 앤은 자신의 내적 갈등과 그 갈등을 가족들에게 쏟아 놓는 방식 때문에 결혼 생활이 깨지기 직전이었다. 상담을 해 보니 앤은 문제를 해결하기 위해 많은 시간을 들여 기도하고 있는 신실한 그리스도인이었다. 우리는 여러 번 만나 이야기를 나누었고 나는 앤에게 책을 빌려주기도 했다. 그 책들은 앤이 공개한 적 없는 여러 이야기를 끄집어내는 데 도움이 되었다.

앤이 준비되었다고 생각되었을 때, 우리는 함께 치유 기도를 드렸다. 앤은 아동기와 십 대 시절의 기억을 하나님께 말씀드렸다. 앤의 아버지는 알코올 중독자였고 딸을 성적으로 학대했으며 가정을 돌보지 않고 자살을 기도했다.

우리는 앤의 가장 뿌리 깊은 기억을 치유해 주시고 뒤틀린 감정을 온전하게 해 달라고 기도했다. 아무 일도 일어나지 않는 듯했지만 2주 후에 만났을 때 앤은 너무나도 놀라운 이야기를 들려주었다. 우리는 하나님이 기도에 응답하셨음을 알았다.

그 일은 이러했다. 우리가 함께 기도한 지 약 일주일이 지난 어느 날, 앤은 아침 일찍 잠에서 깼다. 다시 잠이 오지 않았던 앤은 누운 채 기도를 드렸다. 그녀 말로는 예수님께서 그녀의 침실에 들어오셔서 "앤, 와서 내 손을 잡아라. 네 과거로 같이 걸어가 보자"라고 말씀하시는 것 같았다고 했다.

"주님, 전 다시 갈 수 없어요. 목사님께 제 과거의 상처를 말씀드릴 때도 정말 힘들었어요."

"앤, 이번엔 다를 거야. 한 걸음 한 걸음마다 내가 너와 함께 있을게."

앤은 예수님과 동행했고 기분이 아주 묘했다고 이야기했다. 예수님과 함께 앤은 자신의 아픈 기억들이 그림이 되어 걸려 있는 거대한 미술관에 들어섰다. 예수님은 마치 예술품을 감상하듯 기억에 관한 그림을 찬찬히 보게 하셨다. 어릴 때 경험했던 모든 감정이 앤을 다시 휩쓸고 지나가는 것 같았다. 그 쓰라린 기억들이 불러일으키는 공포와 치욕과 분노를 다시 느꼈다. 쓰라린 눈물이 흐를 때마다 "아이야, 그것을 나에게 맡겨. 관계된 사람들을 용서하고 너 자신의 분노와 증오에 대해서도 용서를 구해라"라는 내면의 목소리가 들렸다. 앤이 자신의 기억을 예수님께 맡길 때마다 예수님은 벽에서 그 기억에 관한 그림을 내려놓으셨다.

이 일은 몇 시간이나 계속되었다. 마침내 앤이 주위를 둘러보았을 때, 모든 그림이 치워져 있었고 그녀 마음의 벽은 깨끗하고 온전해져 있었다. 통렬한 분노는 그 파괴적인 기억에서 사라졌다.

그 극적인 사건은 여러 해 전에 경험한 일이었고 그 후속 조치로 앤은 많은 심리 치료를 받았지만, 앤의 치유가 시작된 지점은 분명히 그 사건이었다. 그 후에 작성된 의학 및 심리학 보고서가 이를 증명했다. 그녀가 구원받고 변화된 것은 남편과 가족과 동료들에게도 큰 기쁨이 되었다.

실패의 기억을 헌신의 불꽃으로

마이크와 앤은 모두 아동기와 십 대 시절의 기억을 치유받아야 했다. 그러나 많은 경우에 고통스러운 기억은 더 최근의, 즉 성인이 된 지금의 삶과 관련이 있다. 이러한 사실은 특히 성과 폭력, 배우자의 외도로 인한 배신감과 연결된 비극적 상황에서 얻게 된 트라우마를 볼 때 확실해진다. 이러한 경우에도 위의 원리를 적용하면 일반적인 기도로는 얻기 어려운 치유와 자유를 얻을 수 있다. 베드로가 예수님을 부인한 사건과 예수님께서 그를 회복시키신 방법이 성경의 사례라고 할 수 있다.

신약에서 '숯불'이라는 단어가 사용된 곳은 두 군데인데 이것은 우연이 아니다. 부활 후 아침, 해변에서 베드로와 대화를 나누기 위해 예수님이 의도적으로 무대를 꾸미신 것을 볼 때 이 사실은 더욱 분명해진다. 베드로는 대제사장 집 뜰에 피운 숯불 옆에서 예수님을 세 번 부인했다. 그리고 이제 예수님에 대한 사랑과 충성을 고백하라는 세 번의 요청을 받는다. 우리는 이 사실을 잘 알고 있지만 베드로가 예수님을 부인했던 상황을 예수님이 재현하셨음은 간과할 때가 있다.

대제사장의 집 뜰에서 타오르던 숯불은 확실히 베드로의 양심과 기억 속에 여전히 타오르고 있었다. 위대한 심리학자이신 예수님은 베드로의 고통과 수치를 치유하시기 위해 숯불을 사용해서 고통스러운 기억을 대면하게 하셨다. 그 결과, 베드로는 숯불의 기억을 자신을 꼼짝 못하게 만드는 저주의 기억이 아니라 자기 목숨을 바치기까지 예수님께 헌신하게 만드는 불씨로 사용할 수 있게 되었다.

믿음의 기도

나는 지금까지의 이야기가 너무 단순하고 편법처럼 보일 수 있다는 사실을 안다. 물론 이런 유형의 치유 기도가 만병통치약은 아니다. 모두에게 들어맞는 것도 당연히 아니다. 그럼에도 어떤 이들에게는 효과가 있다. 각자 삶의 내용에 따라 차이가 있을지도 모른다. 나는 더 깊은 치유 경험이 필요한 이들에게는 성령께서 이 일을 행하시리라고 믿는다.

이 경험은 혼자 있을 때 할 수도 있겠지만 대개는 그런 식으로 일어나지 않는다. 나는 이것이 야고보서에 나타난 치유 형태라고 믿는다. "그러므로 너희 죄를 서로 고백하며 병이 낫기를 위하여 서로 기도하라 의인의 간구는 역사하는 힘이 큼이니라"(약 5:16). 기억이 치유되려면 마음 깊은 곳을 적극적으로 열어서 다른 이들에게 이야기해야 하고, 당신을 위해 다른 이들이 드리는 믿음의 기도를 받아야 한다. 당사자는 모든 문제에 복잡하게 얽혀 있어서 과거의 아이가 있는 내면의 층에 혼자 힘으로 다다를 수 없기 때문이다.

당신은 오랜 시간을 들여 성령님께 새로운 통찰을 구해야 하고 방어벽을 허물 준비를 해야 한다. 이 기도는 당신이 신뢰하고 존경하는 사람, 그리고 당신을 위해 믿음의 기도를 해 주리라고 믿을 수 있는 사람과 해야 한다.

치유받기 원하는 부분, 즉 당신을 괴롭히는 모든 것과 감정의 파란을 일으키는 모든 기억을 목록으로 정리해서 적는 것도 도움이 된다. 예리한 검을 드신 성령님께 마음을 열 때는 의미 없어 보이거나 하찮고 우습게 보이는 것도 빼놓지 말고 다 적어야 한다. 무슨 생각이 떠오르든지 놀라지 말라.

폴 투르니에는 이런 내적 성찰이 마치 어두운 방에 들어가는 것과 같다고 했다. 처음에는 가까이 있는 것, 큰 것만 보이므로 "아하, 책상과 의자가 있네"라고 말하지만, 어둠이 눈에 익으면 온갖 잡동사니로 어질러진 방 전체가 보인다. 두려워하지 말고 성령님 안에서 긴장을 풀라. 고통스럽더라도 못 보던 것을 보게 하신 성령님께 감사하라.

당신이 신뢰하고 진정으로 믿음의 기도를 할 줄 아는 이와 함께 기도하라. 주님과 대화하듯 기도하면 가장 좋다. 과거의 기억과 관계된 모든 느낌과 감정을 하나님께 고백하라. 만일 새로운 일이 떠오른다면 기도를 멈추고 서로 이야기하라. 이것은 성령님께서 치유가 필요한 더 깊은 층으로 당신을 인도하신다는 증거다.

예수님이 살아 계심을 기억하라. 바로 이 자리에 그분은 계신다. 예수님은 시간을 초월하시기 때문에 우리가 고통스러운 일을 경험했던 그때로 되돌아가실 수 있다. 예수님께 고백하라. 경험 하나하나, 감정 하나하나, 행위 하나하나를 그분께 올려 드리라. 예수님이 당신을 사랑하시고 위로하시고 용서하시게 하라. 예수님이 당신의 증오를 닦아 내시고 상처를 싸매시며, 음욕을 제어하고 두려움을 쫓아내시게 하라. 예수님이 당신을 용서하신 것처럼 당신도 당신을 괴롭힌 사람들을 용서하라. 그리스도의 사랑이 미움을 대신하게 하고, 그리스도의 능력이 쓰라린 감정과 자기 연민을 대신하게 하라. 서두르지 말라. 방해받지 않고 여유 있게 기도할 수 있도록 시간을 내라.

만일 타인을 위해 믿음의 기도를 해야 한다면 그 사람과 당신의 영이 하나 되게 해 달라고 성령님께 간구하라. 이것은 쉽지 않은 일이다. 바론 폰 휘겔(Baron von Hugel)은 '중보기도의 신경계 대가(neural cost)'에 대해 이야기했다. 이런 기도는 힘들고 당신을 지치게 한다. 그 사람의 슬픔과 노여움, 상처와 두려움을 함께 느낄 수 있도록 당신에게 이해심과 동정심을 가득 채워 달라고 기도하라. 이런 방법으로 성령님은 당신을 통해 기도하시며 상대에게 꼭 맞는 말을 당신의 입에 두신다. 만일 성령님께서 야고보서 5장에서 말씀하신 대로 당신을 이끄신다면 그에게 안수하고, 필요하다면 기름을 부으라. 수치심과 두려움을 버리고 신중하고도 기도하는 마음으로 성령님께 복종하라. 그 순간의 감정보다 중요한 것은 당신의 믿음이다.

당신의 친구에게 큰 믿음이 없다면 당신에게 두 사람 몫의 믿음이 필요할 것이다. 이것은 중풍병자의 친구 네 명이 지붕을 뚫고 중풍병자를 예수님 앞에 내렸을 때, 예수님이 그들의 믿음을 보시고 그를 고치신 것과 같은 이치다(눅 5:18-20). 예수님은 병든 딸의 치유를 간구한 야이로에게 "두려워하지 말고 믿기만 하라 그리하면 딸이 구원을 얻으리라"라고 말씀하셨다(눅 8:50). 이러한 사건들을 볼 때 타인의 믿음으로도 치유받을 수 있다.

마지막으로, 성령님께 그분의 일을 어떤 식으로 하시라고 요구하지 말라. 성령께서는 우리 마음을 한 번에 한 겹씩 벗겨 내시기에 여러 번 기도해야 할 수도 있다. 승리와 해방을 바로 경험할 수도 있고, 며칠 뒤나 몇 개월 뒤에 기도가 이루어질 수도 있다. 그렇지만 근심하지 말라. 하나님은 그 사람을 위한 믿음의 기도에 응답하실 것이다.

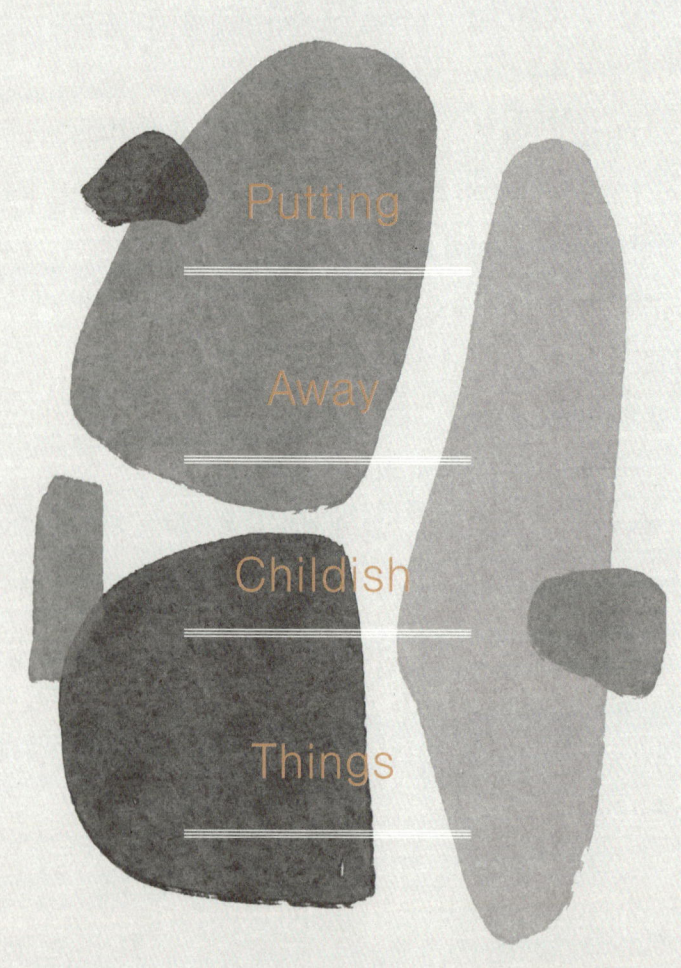

Putting Away Childish Things

2부

미숙한 사고방식·반쪽짜리 복음과 결별하다

3.
사랑이라는 이름의
억압

"좀 더 잘해야지. 너를 위해 하는 말이야."

몇 년 전, 나는 미시간주에서 열린 〈성령 콘퍼런스〉에 참석했다. 하루는 브래드 목사라는 분이 몇 년간 신앙적인 문제로 씨름하면서 신앙의 기복이 심했다고 본인의 이야기를 했다. 그는 겉보기에는 굉장한 성과를 거둔 성공한 목사였다. 그러나 내적으로는 마치 요요처럼 영적 기복이 심했다. 그는 내면 한쪽에 있는 교만과 반대쪽에 있는 정죄감, 죄책감, 우울감 사이를 마치 당구공처럼 튕겨

다녔다.

"2년 전쯤 성령님이 갑작스러운 깨달음을 주셨습니다. 하나님과 사람들을 향한 사랑이 제 삶을 이끌고 있지 않다고 말이에요. 어린 시절에 부모님이 심어 준 좌우명이 49년 동안 제 삶을 지배하고 있었습니다. 그 세월 동안 저는 그리스도께서 제 삶을 다스리신다고 생각했지만, 사실은 어린 시절 받아들인 그 좌우명이 저를 지배하고 있었던 겁니다."

어린 시절의 그 대단한 좌우명은 무엇이었는가? 그것은 "좀 더 잘해야지!"였다. 브래드는 계속 이야기를 이어 갔다. "부모님이 제게 그런 뜻으로 하신 말씀이 아닌 줄은 알았지만, 그 말은 '우리는 너를 사랑해. 하지만 네가 좀 더 잘한다면 너를 더 사랑할 거야!'라는 뜻으로 들렸어요."

브래드가 자신을 응시하자 성령님께서는 그의 삶을 이끈 진짜 동기가 무엇인지를 보게 하셨다. 그는 어렸을 때부터 짊어진 이 문장이 하나님과의 관계를 포함해서 모든 관계에 영향을 끼쳤음을 알았다. 49년간 그는 단 한 번도 '부모님의 기대에 부합할 수 있다'고 느낀 적이 없었다. "하지만 저는 드디어 어린 시절의 좌우명에서 자유로워졌고 지금은 성령님 안에서 참자유를 누리는 법을 배우고 있습니다."

이것은 놀랍도록 정확한 자기 진단이다. 복음의 기쁜 소식이 아니라 어린 시절 좌우명의 지도를 받으며 사는 사람들이 있다. 그들 중 어떤 이들은 성경의 진리를 정확하게 설명할 수도 있지만,

실제로는 자신이 설명한 진리와 반대되는 좌우명에 따라 살고 있다. 그리스도께 헌신하면서도 실제로는 잘못된 좌우명이나 신념대로 살고 있는 것이다.

어릴 때의 좌우명이 당신 삶을 지배하고 있는가? 사도 바울은 하나님의 아들딸은 성령의 인도를 받는다고 말했다(롬 8:9, 14). 성령께서 당신의 삶을 인도하고 가르치시는가, 아니면 과거의 미성숙한 마음이 당신을 이끌고 있는가? 어쩌면 이 둘이 섞여 있는지도 모른다. 두 가지가 얽혀 있어서 구분하지 못할 수도 있다. 하나님의 음성이라고 생각했지만 실제로는 미성숙한 양심의 소리여서 죄책감을 불러일으키거나 자기 정죄의 압박감 아래 밀어 넣을 수도 있다. 이런 문제는 회심이나 심지어 성령 충만으로도 해결되기 어려울 수 있다.

브래드의 좌우명을 보자. 브래드는 "좀 더 잘해, 내 기대에 부응해 봐"라고 말씀하는 듯한 신의 지배를 받고 있었다. 그러나 그런 존재는 예수 그리스도를 통해 우리에게 오신 하나님이 아니다. 하나님은 전혀 그런 분이 아니다. 어린 시절의 좌우명은 브래드의 '신'이 되어 무자비한 독재자처럼 그를 지배했다.

이 신은 미성숙하고 유치하고 신경증적인 완벽주의자의 '신'이다. 믿음으로써 예수 그리스도의 완전하심을 받아들인, 그래서 완전함이란 자신의 완벽한 행위로 얻는 것이 아니라 하나님과의 올바른 관계의 선물임을 아는 성숙한 그리스도인의 하나님이 아니다.

관계가 중요하다. 그러나 바로 이 지점에서 어릴 때의 좌우명이 하나님의 구원 계획을 곡해한다. 이 험난한 구원의 길에 오른 완벽주의자에게 하나님은 점점 많은 것을 요구하는 폭군이 된다. 마치 처음에는 "더 많은 벽돌을 만들라"고 하고 그다음에는 "짚 없이 벽돌을 만들라"고 소리 치는 파라오 같다. 이 존재는 항상 '조금 더'를 외친다. 현재의 나에게 만족하지 않으며, 항상 "지금보다 더 나아질 수 있어"라고 말한다. 이 좌우명의 신은 예수 그리스도를 통해 우리에게 보이신 아버지-하나님(Father-God)이 아니다. 그는 마피아 대부(godfather)에 가깝다. "더 잘해야지! 그렇지 않으면…."

조건이 붙은 관계

비극은 이런 일이 가정에서 많이 일어난다는 사실에 있다. 부모 역할만큼 하나님의 무조건적인 사랑이 필요한 영역도 없다. 우리는 모두 죄인이기에 우리의 사랑은 너무나 불완전하고 지극히 조건적이며 변덕이 심하고 흠이 많다. 그런가 하면 아이들을 좋은 그리스도인으로 키우려는 욕심이 과해서 조건을 달기도 한다.

나는 톰이라는 젊은이를 안다. 톰은 아이였을 때 "좀 더 잘해"라는 좌우명을 부모에게 받았다. 그는 인정받고 사랑받음의 기초가 이 조건에 있다고 생각했다. 그래서 톰은 인정받고 사랑받고 싶은 마음이 생길 때면 부모를 기쁘게 하려고 애썼다.

우리 모두 때로는 톰의 부모와 같은 모습을 보인다. 자녀들이 최고 수준에 이르기까지 사랑과 애정을 유보하려는 경향이 있는 것이다. 자녀들이 도달한 그 수준에서 그들을 인정해 주는 게 아니라 그들이 '좀 더 잘할 수 있도록' 돕는 것이 부모의 일이라 생각한다. 그래서 자녀들이 무엇을 하든, 예를 들어 밥을 잘 먹든, 예의 바르게 행동하든, 성적을 올리든, 그들 나이에 맞게 신앙생활을 잘 하든, 거기서 조금만 더 잘하면 인정해 주고 사랑하리라 약속한다. 사랑은 모퉁이 뒤에 있는 어떤 것, 곧 저만치 떨어져 있는 희망 사항일 뿐이다.

현재 이룬 성취는 은근히 폄하된다. 부모는 "우리는 너를 사랑해서 네가 조금 더 잘하기를 바라는 거야"라고 말하고 있다고 생각한다. 그러나 자녀들은 "네가 우리 기준에 맞는다면 너를 사랑해 줄게"라거나 "네가 좀 더 잘해야 너 때문에 기쁠 것 같아"라는 뜻으로 번번이 받아들인다.

이런 조건부 관계와 태도라는 체계가 톰의 내면에 심겼다. 톰은 성장했고 자신의 분야에서 큰 성공을 거두었지만 아무것도 이룬 게 없다고 느꼈다. 만족하지 못했고 자신의 노력을 과소평가했다. 칭찬을 자랑스레 받아들이지 못했다. 친구가 칭찬해 주어도 톰은 토를 달아 기어이 칭찬을 거부하곤 했다. 아무튼 그는 더 잘할 수 있었을지도 모른다. 그는 자기가 인정과 사랑을 받을 만큼 충분히 잘하지 못했다고 생각했다.

애석하게도 이것이 톰의 신앙생활에도 적용되었다. 끔찍한 러닝머신 위에서 더 빠르게, 더 빠르게 달리라고 채찍을 들고 그를 몰아세우는 '마음속 파라오'를 만족시키기 위해 톰은 얼마나 열심히 일했던가…. 아무리 애를 쓰고, 노력하고, 도달해 보려 해도, 그는 결코 그 목표에 이를 수 없었다. 성숙한 삶을 말하는 책을 계속 읽어 보고, 부흥회나 수련회에 거듭 참석해 보고, 더 깊이 헌신하기 위해 제단 앞에 한 번 더 나아가려 했다. "내가 좀 더 잘할 수만 있다면"에 집착하는 그리스도인의 삶을 살았다. 그러나 아무것도 도움이 되지 않았다. 영적인 좌절을 맛볼 때마다 내면의 목소리는 "잘해 봐. 아직도 충분하지 않아"라며 그를 꾸짖었다.

예수님은 하나님이 좋은 선물을, 특히 성령을 주시는 아버지라고 가르치셨다(마 7:11; 눅 11:13). 톰은 이 말씀을 뒤집어 믿었다. 그래서 그는 구했지만 받지 못했다. 손마디에 피가 맺히도록 문을 두드렸지만, 그에게 되돌아온 것은 자기 비하와 자기혐오의 메아리뿐이었다. "더 잘해 봐"라는 말의 필연적인 결과는 결코 만족시킬 수 없는 하나님, 은혜 안으로 초청하는 것이 아니라 끝도 없이 요구하는 복음이다.

"더 잘해 봐"라는 요구만큼 그리스도인의 참된 거룩함을 훼손하는 것도 없다. 거룩함의 본질은 하나님과 이웃과 자신에 대한 깊고 순수하고 성숙한 사랑이다. "더 잘하라"는 좌우명 시스템은 하나님과 이웃과 자신이라는 세 가지 핵심 대상에 대한 사랑을 모두 차단한다. 그 결과 당신이 도저히 사랑할 수 없는 하나님만 남는다. 그래서 수십 년 동안 아버지를 섬기면서도 속으로는 아버지를 원망했던 누가복음 15장의 맏아들처럼 하나님을 미워하고 거부하게 된다(눅 15:25-32). 올바른 자존감이 없으면 이웃을 사랑할 수 없다. 자신을 미워하는 만큼 이웃을 미워하게 될 뿐이다.

콤플렉스

"하지만 이 일이 거듭나고 성령 충만한 그리스도인에게도 일어나는 건가요? 그리스도께서 우리 마음속에 들어오실 때 이런 것들이 다 깨끗하게 사라지는 것 아닌가요?"라는 질문을 나는 수없이 받았다. '어린아이의 일을 버리는 것'과 '자라 감'의 총체적 과정을 우리가 흔히 말하는 성격 콤플렉스 측면에서 살펴보자.

우리는 열등 콤플렉스, 자기 처벌 콤플렉스 등을 가진 사람들 이야기를 자주 듣곤 했다. 요즘은 이 어휘들을 자주 사용하지 않지만 의미를 알아두면 도움이 될 것이다.

콤플렉스의 한 가지 정의는 '인격 전반에 지배력을 발휘하는, 억압된 욕구와 기억의 집합'이다. 아동기의 유해한 좌우명과 연관시켜 볼 때, 콤플렉스란 건전하지 못한 과거 감정의 공격이라 하겠다. 식욕, 안락감, 안정감, 성욕, 가치 있는 존재로 받아들여지고 싶은 욕구, 소속감, 사랑받고 사랑하고 싶은 욕구, 삶에는 목적이 있다는 느낌을 갖고 싶은 욕구 등 우리는 세상에 태어나면서 하나님이 주신 기본적인 욕구를 채우는 과제에 직면한다.

또한 이런 큰 필요를 충족시키는 방법을 자라 가면서 서서히 터득하게 된다. 이것을 감정적 메커니즘 또는 필요를 충족시키거나 다루는 방식이라고 부를 수 있다. 이것은 온갖 형태의 행동, 즉 잠재의식과 무의식, 육체와 영혼의 갖가지 활동을 포함한다. 특정 나이(정확히 언제인지 아무도 알 수 없지만)에 이르면 우리는 욕구 성취 추구와 삶 운영에 관한 기본 패턴을 형성하게 된다. 이러한 감정적 메커니즘이나 패턴은 옳을 수도 그를 수도 있고, 좋을 수도 나쁠 수도 있고, 건강할 수도 건강하지 않을 수도 있고, 양쪽이 섞여 있을 수도 있다.

나는 콤플렉스의 의미를 '삶과 그 필요를 충족시키는 잘못된 패턴이나 방법, 즉 건강하지 못한 메커니즘들의 집합'이라 말하고 싶다. 그렇다면 콤플렉스란 정서적으로 강하게 공격하는 건강하지 못한 메커니즘, 곧 욕구와 반응과 느낌과 생각의 집합이다. 바로 여기에서 어릴 때의 좌우명이나 맹세가 형상화된다. 이것은 과거에서 비롯된 건강하지 못한 압박을 담은 캡슐과 같다. 이제 왜 그리스도인의 경험이 이런 콤플렉스를 자동적으로 치유하지 못하고 어린 시절의 건강하지 못한 좌우명을 바꾸지 못하는지 이해할 수 있을 것이다.

폴 투르니에는 그의 책 《거듭난 사람》(*The Person Reborn*, Harper & Row, pp. 6-7)에서 이것을 비유로 명확히 이야기했다. 그는 그리스도인의 경험을 혁명에 빗대었다. 새로운 왕자가 쿠데타로 나라의 실권을 장악했다. 환호하는 군중 속에는 권력을 잃은 옛 정부의 지지자들도 있다. 그들은 언뜻 보면 새 통치자의 가장 열렬한 지지자처럼 보인다. 하지만 그들의 마음은 진심으로 바뀐 것이 아니다.

그들은 새 정권을 붕괴시킬 음모를 꾸미고 있을 수도 있다. 왕자가 승리를 거두었으니 복종을 맹세하고 고개를 숙이는 척하지만, 기회가 오면 다시 고개를 들어 권력을 되찾으려 한다.

투르니에는 이것이 우리 정신 구조 속에 깊이 잠재된 어떤 요소들에 일어나는 일이라고 말한다. 그것들은 숨어 있으며, 우리와 함께 승리의 기쁨을 누리는 척한다. 그러나 아직 완전히 항복하지 않았기 때문에, 우리가 그것들의 정체를 드러내지 않는다면 그들은 우리의 승리를 망칠 수도 있다. 그들의 가면을 벗기는 과정은 매우 느리게 진행되고, 여기에는 때로 의학과 심리학과 영적 능력이 필요할 수도 있다고 투르니에는 말한다.

이야기 하나를 소개하겠다. 이 이야기는 신실한 그리스도인이라 해도 성령의 성화 작업과 꾸준한 치유가 필요한 감정적인 갈등이나 콤플렉스를 여전히 가질 수 있음을 잘 보여 준다. 몇 년 전, 나는 위대한 신학자 대니얼 스틸이 성화의 깊은 차원을 경험한 그리스도인도 이른바 '결점, 약점'(infirmities)에 시달릴 수 있음을 아래의 비유로 설명했음을 알고 매우 놀랐다. 그의 책《이정표에 대한 논고》(*Milestone Papers*, Phillips and Hunt, p. 208)에서 그는 '완전한 사랑'의 나라에서 사는 삶에 대해 다음과 같이 썼다.

그곳엔 내가 질색하는 이 나라의 옛 주민들도 있었다. 나는 할 수 있는 한 그들과의 관계를 끊었다. 즉 무지, 태만, 오판, 오류, 부주의, 실패, 그리고 '결점'이라는 성을 가진 대가족 말이다. 나는 그들을 추방하는 쪽에 자주 표를 던졌지만, 그들은 자신들이 거주할 권리가 있다고 주장했다. 그들은 자신들과 약간 닮았을 뿐이고 도덕성에서는 전혀 판이한 '죄'라고 불리는 외국인과 혼동되어 부당한 취급을 받는다고 말한다. 그래서 나는 이 옛 주민들과 평화롭게 살고는 있지만 그들의 사회를 좋아하지는 않는다.

나는 이 비유가 완벽하지 않고 지나치게 단순하다는 것을 알고 있다. 그러나 대다수 사람에게는 이 비유가 도움이 될 것이다. 그리스도인인 우리의 상황을 '쿠데타'로 생각해 보자. 즉 새로운 왕자가 통치권을 잡은 혁명적인 순간이다. 그 후에 그리스도를 닮아가고 감정적으로 성숙해지는 성장은 우리의 왕자요 주님이신 예수 그리스도의 주권 아래 우리의 전 인격을 드리는 '마무리 작업 과정'이라고 생각해 보자.

우선 "좀 더 잘해"라는 건강하지 못한 내적 압박에서 비롯되는 두 가지 콤플렉스가 있다. 하나는 우리 존재 자체로 충분하지 않고 무능력하다는 느낌을 주어 자기 비난으로 가득하게 만드는 '열등감 콤플렉스'다. 다른 하나는 우리가 이룬 것보다 더 잘 해내야만 하고 더 잘 해낼 수 있다고 느끼게 만들어서 자기 비하로 가득하게 만드는 '완벽주의 콤플렉스'다. 대개 완벽주의 콤플렉스를 가진 이들은 모든 것이 완벽해야 한다고 느낀다. 그런 이유로 우리는 그들을 '완벽주의자'라고 부른다. 그들은 자기가 한 일이 모두 완벽해야 한다고 생각한다.

이 두 가지가 어째서 샴쌍둥이처럼 연결되는지는 쉽게 알 수 있다. 이런 사람들은 결코 기준에 도달하지 못하기 때문에 자신이 한 일에 절대 만족하지 못하고, 끊임없이 스스로를 책망하며 열등감을 느낀다. 자신의 가치와 존엄이 전적으로 그 기준을 충족하느냐에 달려 있다는 생각이 내재되어 있어서 자신에 대해 좋은 감정을 갖지 못한다. 이는 확실히 낮은 자존감과 빈약한 자기 가치로 이어진다.

성숙을 향하여

나는 《상한 감정의 치유》에서 낮은 자존감, 완벽주의, 우울증을 어떻게 치유할 것인지 여러 장에 걸쳐 자세히 설명했다. 여기서는 당신의 어린 시절에서 비롯된 건강하지 못한 강박적 충동의 힘에서 벗어날 실제적인 방안을 제시하려고 한다.

우선 그 충동의 실체를 살펴보자. 그것은 하나님의 목소리도 아니고 양심의 목소리도 아니며(이 두 가지 다라고 생각한 사람이 있을지도 모른다) 당신의 아동기와 십 대 시절에서 온 거짓말임을 알자. 당신은 이 거짓말을 명백하고 단호하게 다뤄서 '버려야'(카타르게오) 한다. 탁월함을 건강하게 추구하는 것과 절대 도달할 수 없고 이성적이지도 않으며 하나님의 말씀에도 맞지 않는 기준을 좇는 건강하지 못한 집착을 구분할 수 있다면 도움이 될 것이다. 이는 쉬운 일이 아니지만 중요한 일이다. 시간과 노력이 필요한 일이다. "이는 젖을 먹는 자마다 어린아이니 의의 말씀을 경험하지 못한 자요 단단한 음식은 장성한 자의 것이니 그들은 지각을 사용함으로 연단을 받아 선악을 분별하는 자들이니라 그러므로 우리가 그리스도의 도의 초보를 버리고 죽은 행실을 회개함과…"(히 5:13-6:1). 다른 번역에서는 "그들의 감각을 연습으로 단련하여 선악을 분별하게 된 자들"이라고 표현한다(5:14, RSV). 하나님의 말씀은 이러한 훈련과 연습이 영적 어린아이 됨에서 벗어나 영적인 성인으로 자라 가는 데 필수적인 부분이라고 가르친다.

이 일을 당신 혼자서는 할 수 없을 것이다. "아무리 해도 만족시킬 수 없는" 내면아이가 당신을 불가능한 목표로 몰아가는 것인지, 아니면 하나님과 하나님의 말씀이 진실로 요구하는 것인지, 이를 구별할 수 있도록 당신을 도와줄 신뢰할 만한 친구나 목사, 기독교 상담자가 필요하다. 때로 그런 감정이 극심하면 잘 훈련받은 상담자와 오랜 시간 상담해야 할 수도 있다. 그러나 어떤 방법을 쓰더라도, 당신 내부에서 끊임없이 무자비하게 요구하며 소란 떠는 아이의 목소리를 '무력화'하겠다고 결심해야 한다.

성령님과 협력하여 "좀 더 잘해" 콤플렉스에 따라다니는 양극단 감정의 진폭을 좁히도록 노력하라. 나는 이 문제로 고통받는 수많은 사람들과 상담했고 그들이 '모 아니면 도, 전부가 아니라면 아무것도 아닌 것'이라는 태도를 갖고 있음을 알았다. 그들의 세계는 검은색 아니면 흰색 두 가지뿐이다. 그들은 완벽하게 성공하지 못하면 완전한 실패자로 여긴다. 그래서 감정적으로나 영적으로 양극단을 오간다. 자신을 "영적인 요요"로 묘사하기도 한다.

나는 시몬 베드로를 생각해 본다. '전부가 아니라면 아무것도 아닌 것'이라는 면을 그에게서 본 적 있는가? 변화산에서 베드로는 두려워하면서도 흥분해서 그곳에 초막을 짓고 영원히 머무르고자 했다. 최후의 만찬에서도 예수님께 "제 발을 씻어 주시다니요. 그런 일을 하시게 할 수 없습니다"라고 말했다가, 예수님이 꾸짖으시자 "그러면 제 발뿐 아니라 머리와 손도 닦아 주십시오"라고 했다. "발도 안 됩니다!"에서 "목욕까지 시켜 주소서!"로 변한 것이다.

그때 예수님은 자신을 배신할 자가 있다고 이야기하셨다. 베드로는 "주님, 다른 사람들은 다 그럴지라도 저는 결코 주님을 부인하지 않겠습니다. 주님을 위해 죽을 것입니다!"라고 말했다. 그러나 불과 몇 시간 후 여종이 그를 아는 척하자 "예수? 그게 누군데? 들어 본 적도 없는 사람이야"라고 내뱉어 버렸다.

이런 베드로에게 예수님이 "시몬아, 시몬아, 보라 사탄이 너희를 밀 까부르듯 하려고 요구하였으나 그러나 내가 너를 위하여 네 믿음이 떨어지지 않기를 기도하였노니 너는 돌이킨 후에 네 형제를 굳게 하라"(눅 22:31-32)고 친히 말씀하셨다는 것이 기쁘지 않은가? 똑같은 인내심으로 예수님은 당신을 위해 기도하셨고(요 17:20) 지금도 당신을 위해 중보하신다(히 7:25). 변덕스럽고 영적 기복이 심한 베드로를 도우신 예수님은 성령을 통해 지금도 당신을 도우신다. 예측 불가능하고 성급했던 시몬을 '반석' 같은 사도 게바로 변화시키셨듯이 예수님은 당신도 그렇게 변화시키실 것이다. 베드로는 안정감을 유지하며 흔들리지 않는 법을 배웠고 그 방법을 우리에게 알려 준다. "오직 우리 주 곧 구주 예수 그리스도의 은혜와 그를 아는 지식에서 자라 가라"(벧후 3:18).

하나님의 무조건적 사랑

다음은 불안한 결혼 생활을 해결하기 위해 나를 찾아왔던 로저와 바브 부부의 이야기다. 정기적으로 가정 예배를 드리고 그리스도와 교회에 깊이 헌신했음에도 그들의 결혼 생활은 금이 가고 있었다. 그들은 신실한 신자였고 연애 시절부터 결혼 이후에도 예수님을 그들의 관계 중심에 모시려고 노력했기 때문에 더욱 낙심했고 실패했다고 느꼈다.

두 사람은 "좀 더 잘해"의 피해자들이었다. 남편은 완고한 기독교 가정 출신이었고 아내는 비신자 가정 출신이었지만 기본 환경은 비슷했다. 어떤 모양으로든 우수한 성과를 내면 인정과 칭찬을 받았지만, 최선을 다했어도 실패하거나 아주 작은 실수라도 하면 그들의 부모는 실망하고 걱정했다. "남들이 뭐라고 하겠니? 우리를 형편없는 부모라고 생각하지 않겠어?" 이런 건 흔히 일어나는 일이다. 부모님의 안정감과 자존감이 자신의 성공에 달려 있었기 때문에 그것은 로저와 바브에게 '무거운 짐'이었다. "좀 더 잘해"는 "네가 실패하면 우리 얼굴에 먹칠하는 거다"라는 의미로 그들 내면 깊이 자리 잡았다. 이런 사고방식이 결혼 초기에 겪는 수없이 많은 어려운 적응 과정에 어떤 영향을 미쳤을지 상상할 수 있겠는가? 맞다. 아주 큰 영향을 미쳤다.

둘 사이에 일어났던 일의 실체를 이해하게 되자, 이 부부는 서로의 상처와 필요를 깊이 나눌 수 있게 되었다. 구체적인 말로 함께 기도하면서 로저와 바브는 어린아이 같은 행위를 버리게 되었고 하나님에게만 기대할 수 있는 완전함을 서로에게 요구하지 않게 되었다. 몇 개월간 이루어진 그들의 성장은 비약적이었다. 지금 이 부부는 몇 대에 걸쳐 그들 가정에 이어져 온 악순환을 끊어 주신 하나님을 찬양하고 있다. 첫아이가 태어나자 그들은 그들의 관계를 통해 하나님의 무조건적인 사랑을 이해하게 될 '완전히 새로운 세대를 시작한 기쁨'에 관해 내게 말해 주었다.

《하나님을 바로 알자》(*The Knowledge of the Holy*, Harper, p. 104)의 '하나님의 사랑' 장에 실린 A. W. 토저의 기도로 이 장을 맺고자 한다.

> 하늘에 계신 우리 아버지, 하나님의 자녀인 우리는 때로 마음이 괴롭습니다. 믿음의 확신과 양심의 책망이 우리 안에서 동시에 들립니다. 거룩하고 공의로우신 주님의 사랑을 받을 만한 것이 우리 안에 하나도 없음을 인정합니다. 그러나 하나님은 그리스도 예수 안에서 우리를 향한 변함없는 사랑을 선언하셨습니다. 만일 우리 안에 주님의 사랑을 받을 만한 자격이나 조건이 없다면, 우리를 향한 주님의 사랑을 막을 것도 이 우주 안에 없습니다. 주님의 사랑은 스스로 존재하는 것이고 그 사랑을 받을 자격이 있는 존재란 없

습니다. 주님 자신이 우리가 받는 사랑의 이유입니다. 우리를 찾아온 사랑의 강함과 영원성을 믿게 하소서. 그리하면 사랑이 두려움을 내쫓을 것이며, 우리의 괴로운 마음은 평안을 얻을 것입니다. 우리가 어떤 존재인가가 아니라 주님께서 자신을 어떤 분으로 선언하셨는가를 신뢰하기 때문입니다. 아멘.

4.
감정 표현에 대한
세상의 통념

"씩씩한 남자아이는 울지 않아."

어린 시절의 또 다른 해로운 좌우명은 우리 사회의 잘못된 문화에서 비롯된다. "씩씩한 남자아이는 울지 않는다." 이 말은 많은 남성을 해치고 수많은 결혼 생활을 무너뜨렸다. 이는 여성의 삶에서도 은밀한 통제 수단이 될 수 있다. 이 말은 여러 형태로 나타난다. "아이들의 말은 들어주면 안 된다"라든가 "울음을 그치지 않으면 정말 울게 해 주겠다"처럼 도움이 되지 않는 말들이다. 특히 우리 문화는 특정 스포츠에 과도하게 집착하고 '강하고 조용한 사람'을 치켜세우며 자신의 감정을 표현하면 약골이라고 인식한다. 이것은 모두 이 파괴적인 좌우명을 강화한다. "주를 찬양합니다!" 외에 다른 감정을 표현하면 잘못이라고 인식하는 그리스도인이 많은데, 그것은 옳지 않다.

어린 시절의 이 치명적인 좌우명이 삶에 깊이 스며들어서 어른이 되어서도 자신의 진짜 감정을 표현하지 못하는 사람이 있다. 감정이 드러나면 어떻게 처리해야 할지를 모른다. 부끄럽거나 두렵거나 약하다는 느낌이 들면, 그 느낌을 표현하든 표현하지 않든 그런 감정을 느끼는 것만으로도 못난 그리스도인이라고 생각한다. 이런 어린 시절의 좌우명을 성인 그리스도인의 용어로 바꾸면, "좋은 그리스도인은 자신의 감정을 표현하지 않는다" 또는 "좋은 그리스도인은 부정적인 감정을 드러내서는 안 된다"가 된다.

건강이나 심리학의 관점에서 감정을 이야기하기보다 믿음의 선구자요 완성자이며 모든 것에 본보기가 되시는 우리 주 예수 그리스도를 바라봄으로써 이 파괴적 좌우명을 반박해야 한다. 이제 예수님의 감정생활을 살펴보고, 그분이 어떤 감정을 표현하셨으며 그 감정을 어떻게 다루셨는지 살펴보자.

나는 예수님이 우리와 같은 사람이셨다는 사실이 기쁘다. 사실 예수님은 수많은 복음주의 그리스도인들보다 자신의 감정에 대해 더 인간적이셨다. 많은 이들이 청교도 전통과 최근의 마초적인 전통이 결합된 거짓된 가르침에 오도되어 왔는데, 이 전통은 특히 남성에게 심각하게 해로웠다. 여성은 감정을 표현해도 괜찮지만 남자, 특히 진정한 기독교적 남성은 그래서는 안 된다고 여기는 것이다. 남성은 자기감정을 드러내서는 안 된다는 가르침을 아직도 많은 소년이 받고 있다.

이러한 태도는 그리스도인의 삶에도 이어진다. 진정 승리하는 그리스도인이라면 항상 조용하고 차분하며 동요하지 않는다고 우리는 생각한다. 그리스도인은 절대 슬퍼하거나 화내거나 애곡하거나 노여워하거나 어떤 일로도 요동하면 안 되며, 승리하는 그리스도인의 뚜렷한 증거가 '큰 바위 얼굴'이라고 잘못 생각해 왔다. 무표정하고 자제력이 강하고 감정도 없는 금욕주의자가 되기를 요구한 것이다.

만일 예수님이 우리의 본이라면, 앞서 말한 내용은 끔찍하게 와전된 것이다. 이상적인 모델이라고 내놓지만 이는 왜곡된 이미지다. 이런 비성경적이고 비실제적인 기준은 거짓이기에 우리는 여기에 다다를 수 없다. 그러나 아직도 수많은 신실한 그리스도인들이 그 기준에 이르려고 노력하면서 불필요한 죄책감에 시달린다. "씩씩한 남자아이는 울지 않는다"라는 말은 "좀 더 잘해 봐"라는 말에 곧바로 따라붙는다. 이는 결사적인 노력, 실패, 절망, 회개, 그다음에 또 다른 노력, 또 다른 실패, 또 다른 절망으로 이어지는 악순환을 그리스도인의 삶에서 거듭 만들어 낸다. 예수님은 자신의 감정을 표출하는 데 전혀 두려움이 없었고, 그 감정을 바라보는 타인의 시선에 부끄러워하지 않으셨다. 이제 삶에서 가장 깊고 중요했던 감정을 예수님이 어떻게 다루셨는지 살펴보자.

슬픔과 비탄

몇 년 전, 이집트 사막에서 발굴 작업을 하던 영국 고고학자들이 거의 4,000년간 봉인되어 있던 동굴 안쪽에서 무덤을 발견했다. 바깥 덮개를 열고 들어가자 아름답게 조각된 석관이 있었고, 겉에는 어린 소녀의 이름이 새겨져 있었다. 수천 년 전, 어느 부모가 찢어지는 마음으로 외동딸을 그곳에 안치한 것이다. 관 뚜껑을 열려는 순간 고고학자들은 또 다른 문구를 발견했다. "오, 나의 생명, 나의 사랑, 나의 아이야. 내가 너를 대신해 죽었더라면!" 두 고고학자는 얼굴을 마주 보며 고개를 저었고 그 동굴을 다시 밀봉했다. 슬픔에 빠진 부모의 사적인 공간을 침범할 수 없었기 때문이다. 그들은 사랑과 죽음을 그들의 영원한 비밀로 남겨 두었다.

그들의 반응이 이해된다. 이들은 고고학적 연구보다 더 중요한 무엇을 대면했다. 4,000년 된 슬픔에 감동한 것이다. 사랑하는 누군가의 죽음에 대한 슬픔은 삶에 있어서 가장 강렬한 감정이다. 이 보편적인 인간의 경험에 우리는 어떻게 반응해야 할까? 예수님은 비탄과 슬픔을 어떻게 다루셨는가?

여기에 그 단서를 주는 두 가지 중요한 사건이 있다. 첫 번째 사건은 예수님이 존경하던 세례 요한이 사형당했다는 소식을 들으셨을 때다. "예수께서 들으시고 배를 타고 떠나사 따로 빈 들에

가시니…"(마 14:13). 슬픈 소식을 들었을 때 우리가 처음 취하는 행동이지 않은가? 우리도 사람들을 떠나 혼자 있고자 한다.

이 행동이 언제나 자기 연민이나 현실 도피를 의미하는 것은 아니다. 이는 슬픔에 대한 자연스러운 첫 반응이다. 얼마 후 예수님은 제자들을 무리에게서 따로 데리고 나오셨고, 그 후 혼자 기도하러 가셨다(마 14:22-23).

여기 우리가 따를 수 있는 아름다운 본이 있다. 잠시 물러나되 너무 오래 혼자 있으면 안 된다는 것 말이다. 혼자서 너무 오랫동안 슬퍼하면 균형감각과 객관성을 잃을 수 있다. 잃어버린 사람에 대해서가 아니라 자기 자신에 대한 슬픔으로 변질될 수 있다. 그러므로 그다음에 할 일은 가까운 친구들과 같이 있는 것이다. 또한 기도하면서, 당신의 가장 친한 친구이자 위대한 위로자인 예수님과 시간을 보내야 한다.

예수님은 그분의 친구들과 시간을 보내신 후 기도하러 떠나셨다. 그러면서도 타인들의 필요를 한순간도 잊지 않으셨다. 사람들을 도우셨고 고치셨으며 먹이셨다. 예수님은 슬픔 가운데서도 다른 사람을 위해 일하셨고 그 과정 중에 자신의 슬픔을 위로받으셨다.

두 번째 사건은 나사로의 무덤 앞에서 일어났다. 예수님이 슬픔을 다루시는 방법에 대한 또 다른 통찰을 여기서 얻게 된다. "예수께서 눈물을 흘리시더라"(요 11:35). 이 짧은 성경 구절을 주신 하나님께 감사드린다. 이것은 주일학교 아이들이 쉽게 외울 수 있도록 추가된 구절이 아니다. 여기에는 깊은 뜻이 있다. 예수님은 그분의 슬픔을 울음으로 표현하는 데 전혀 부끄러움이 없었고, 이를 공개적으로 드러내셨다. 사람들이 "보라, 그를 어떻게 사랑하셨는가"라고 말한 것을 보면 그 사실을 알 수 있다. 그다음에 예수님이 하신 일은 기도였다. 또한 나사로의 죽음을 애도하는 사람들에게 부활에 대해 계속 상기시키셨다.

이것이 슬픔을 다루는 올바른 방법이다. 그것은 자연스럽고 평범하며, 인간적이고 효과적이다. 우는 것, 잠시 물러나는 것, 친한 친구들의 도움을 받는 것, 기도하는 것, 부활과 천국에 대해 이야기하는 것은 모두 부끄러운 일이 아니다. 이것은 슬픔을 다루는 기독교적 방법이다. 인간의 감정 가운데 가장 흔한 감정인 슬픔이 우리에게 언제 닥칠지 아무도 모른다. 그러므로 이것을 기억해 두는 것이 좋다. 과거의 목소리가 "씩씩한 남자아이는 울지 않는다"라고 말하면 이렇게 응수하라. "그것은 거짓말이야. 가장 씩씩하신 예수님도 우셨어!"

분노

더 다루기 어려운 감정은 그리스도인 사이에서 금기시되는 분노다. 예수님이 화를 내신 적이 있는가? 안식일에 손 마른 사람을 고치시려 할 때였다. "그들의 마음이 완악함을 탄식하사 노하심으로 그들을 둘러보시고"(막 3:5). 신약에서 '노하심'(분노)이라는 어휘를 예수님에게 적용한 유일한 부분이다. 성전에서 매매하는 자들을 내쫓으실 때에도 노하셨을 것이라 짐작되지만 그런 표현이 그 본문에는 없었다. 그러나 이 상황에서는 예수님이 얼굴에서 분노를 숨기거나 목소리를 낮추어 분노를 감추려 하지 않으셨고, 그 감정이 기록되었다. 그분의 감정을 표현할 수 있는 단어가 '분노'밖에 없었던 것이 분명하다.

버트런드 러셀은 《나는 왜 기독교인이 아닌가》(Why I am not a Christian)에 바로 이 사건을 언급한다. 예수님의 추종자들이 주장한 것과 달리 그분이 완전한 존재는 아니었다는 증거로 말이다. 러셀은 예수님이 화를 내고 분노를 표출함으로써 불완전함을 보였다고 말한다. 이렇게 노골적으로 말하지는 않아도, 이 사건이나 성전에서 매매하는 자들을 내쫓으신 사건에 대해 의아해하는 사람들이 우리 중에도 많다.

나는 그리스도의 분노가 그분의 완전함의 일부분이며 이 순간의 분노만큼 그분의 완전함이 더 정확하게 표현된 경우는 없다고 믿는다. 그리스도가 전혀 화를 내지 않았다고 말한다 해서 그분이 완전하다고 말하는 것은 아니다. 이 말은 찬사가 아니며 오히려 불완전함의 증거이자 신성의 결점을 뜻한다. 성경은 사실 하나님의 분노를 수없이 말한다. 이 분노는 유치한 신경질과는 다른 것이다. 예수님은 분노하실 때 자신의 성품에서 벗어나지 않으셨다.

이제 우리는 이 주제에 대한 어린아이 같은 생각을 버려야 한다. 분노는 죄가 되는 감정이 아니다. 사실 죄가 되는 감정이란 없다. 감정을 악한 방식으로 사용하는 경우만 있을 뿐이다. 때로 우리는 분노를 잘못 사용한다. 이는 마치 아름다운 화음을 담은 악보가 있지만 악기를 잘못 사용해서 불협화음을 만들어 내는 것과 마찬가지다. 분노는 하나님이 심어 주신 감정이다. 이 감정은 정의를 추구하는 본능과 밀접히 연결되어 있어서 건전한 영적 목적에 맞게 사용하도록 설계된 것이다.

악에 분노할 수 없는 사람은 선을 추구하는 데도 열정이 없다. 잘못된 것을 미워하지 못한다면 진실로 의를 사랑하는 사람인지 점검해 봐야 한다.

분노는 약점이 아니라 오히려 대단한 강점이다. 성경 어디에서도 분노의 감정을 죄로 여기지 않는다. 그러나 잘못된 분노에 대해서는 정죄하며, 그런 분노를 받아들여서 키우고 간직하지 말라고 경고한다. 그런 분노의 감정에 따르는 많은 잘못된 행위도 죄라고 성경은 분명하게 말한다.

그러나 예수님이 분노하셨을 때와 동일한 조건을 충족한다면 옳은 분노다. 그런 분노는 확실히 잘못되고 악한 것을 대상으로 한다. 또한 의지의 지배를 받아 잘 통제되어야 한다. 가장 중요한 것은 그 안에 적의나 원한, 미움이나 증오가 없어야 한다는 것이다.

마가복음 3장은 안식일에 예수님이 손 마른 사람을 대면하신 장면을 보여 준다. 그 사람은 큰 도움이 필요했다. 수십 명이 예수님을 지켜보고 있다. 그들은 예수님이 손 마른 사람을 고쳐 건강하게 해 주시기를 바랐을까? 아니다. 그들은 기적을 기다린 것이 아니다. 예수님이 율법을 범하는지 지켜보고 있었다. 손 마른 사람이 생계를 위해 일할 수 없는 무력한 상태에 계속 머무르게 되더라도 그들은 자신들의 종교적 규칙이 깨지지 않기를 바랐다. 그들은 눈멀었을 뿐 아니라 잔인했다.

예수님이 노하신 것이 당연하다. 그러나 이 말씀을 다시 자세히 보자. "그들의 마음이 완악함을 탄식하사 노하심으로 그들을 둘러보시고…"(막 3:5). 예수님의 분노가 얼마나 신중하고, 올바른 조건을 충족시키고 있는지를 보라. 그분의 분노는 이기적이지 않았고 의로운 목적이 있었다. 그분의 분노는 잘 조절되고 있었다. 그분은 감정을 폭발시키거나 격분하지도 않으셨다. 아무도 "예수님이 흥분해서 눈에 보이는 것이 없었어"라고 이야기하지 않았다. 오히려 예수님만이 제대로 보고 계셨다. 사람들은 완악했고 손 마른 사람의 절실한 필요에 눈과 귀를 닫고 있었다.

찰스 제퍼슨 목사는 《예수님의 성품》(*The Character of Jesus*, Crowell, p. 116)에서 이렇게 이야기했다. "분노는 저급하고 아름답지 못한 요소들과 섞이기 쉽기 때문에, 영혼의 바닥에 있는 진흙을 자주 휘저어 흙탕물을 만든다. 그래서 분노가 죄라는 생각에서 벗어나기가 어렵다. … 우리가 벗어나기를 위해 기도해야 할 흠 있는 행동이자 성격상 결점이라고 생각하기 쉽다."

그러나 여기서 예수님의 분노는 감정의 바닥에서 흙탕물을 일으킨 것이 아니며 참된 거룩함과 인간에 대한 사랑 어린 관심에서 흘러넘친 것이었다.

분노와 연민

'노하심'과 '탄식'이라는 단어에 주목하라. 불과 물이 섞이지 않듯이 이 두 가지 감정은 상반된다. 그러나 예수님의 마음에는 이 두 가지가 함께 있었다. 악의나 원한은 없고 오직 깊은 슬픔과 연민, 사랑만이 있었다. 예수님은 그들의 악행에 분노하셨고 그 악행을 저지른 사람들에게는 탄식하셨다. 옳은 분노와 연민은 동전의 양면이다.

혹시 예수님을 향한 당신의 사랑이 차지도 뜨겁지도 않고 미지근한 이유가, 악에 대해 충분히 분노하거나 악을 미워하지 않기 때문이라고 생각해 본 적이 있는가?

선한 사람들이 악을 미워하여 행동을 취했다면 얼마나 더 많은 선이 성취될 수 있었을지 생각해 본 적이 있는가?

마르틴 루터는 말했다. "나는 분노할 때, 설교를 더 잘하고 기도를 더 하게 된다." 윌리엄 채닝 박사는 이렇게 이야기했다. "평소에 내 몸무게는 50킬로그램 정도지만 화가 나면 1톤이 된다!" 종교개혁사는 이런 모습들로 가득하다.

한때 영국 감옥은 땅 위의 지옥이라 불릴 만큼 전염병이 창궐했다. 그러나 존 하워드와 그의 동료들이 이에 분노하고 행동을 취해서 변화를 만들어 냈다.

윌리엄 로이드 개리슨 같은 사람들이 "노예의 슬픈 표정에서 하나님의 근심하시는 얼굴을 보았다"라고 이야기하기 전까지, 미국에서 노예제도는 뿌리 깊은 악이었다. 개리슨은 침묵하지 않고

의로운 분노로 외쳤다. "나는 한 치도 물러서지 않겠다. 내 말은 받아들여질 것이다!"

젊은 링컨은 노예시장을 처음 보았을 때 구역질이 났고 내면에서는 뜨거운 분노가 치밀어 올랐다. 그는 손톱이 손바닥을 파고들 만큼 주먹을 꽉 쥐고 모든 사람에게 들릴 만큼 날카롭게 말했다. "저건 악한 짓이야! 기회가 오기만 하면, 정말 호되게 혼내 줄 거야!"

플로렌스 나이팅게일이 오기 전에 군 병원은 정말 끔찍한 곳이었다. 그녀의 전기 작가는 나이팅게일을 자비의 천사로만 소개하지는 않는다. 부상당하고 죽음을 앞둔 이들이 인간다운 대접을 받을 때까지 나이팅게일은 관리자들에게 끈질기게 맞섰다. 그는 참으로 하나님께 부름받은, 완고하고 성을 잘 내는 여인이었다. 관리자들은 그녀의 이름만 들어도 혀를 내둘렀다.

분노가 반드시 사랑의 반대말은 아니다. 분노는 사랑의 결과이기도 하며 가장 명확한 표현이기도 하다. 분노가 여러분에게서 사라지거나 떨어져 나가기를 기도하지 말라. 이것은 성욕을 없애 달라고 기도하는 것만큼이나 잘못된 것이고 미성숙한 것이다. 그 대신 당신의 분노가 성령님의 통제 아래 놓이기를 기도하라. 분노가 없어지기를 기도하지 말고 하나님을 분노케 하는 것에 당신도 분노할 수 있기를 기도하라.

고뇌하는 마음

마지막으로, 예수님이 겟세마네 동산에서 기도하셨을 때의 감정을 무엇이라 할 수 있을까? 자신의 삶에 대한 하나님의 분명한 뜻을 찾고 순종하고자 했다는 의미에서 '고뇌하는 마음'이라고 할 수 있다. 예수님의 고뇌는 여러 감정이 복합된 것이어서 딱히 한 가지로 설명하기 어렵다.

먼저 그 안에는 고독이 있었다. 예수님은 가장 친밀한 제자들인 베드로, 야고보, 요한에게 자기 옆에서 기도해 달라고 부탁하셨다. "내 마음이 심히 고민하여 죽게 되었으니 너희는 여기 머물러 깨어 있으라"(막 14:34). 그 후에는 "네가 한 시간도 깨어 있을 수 없더냐"(37절)라고 말씀하셨다. 친구들의 기도와 도움을 간절히 원하셨을 때 그들은 예수님을 실망시켰다. 예수님은 혼자였고 외로움으로 고통스러우셨다.

그 안에는 시험(temptation)과의 싸움이 있었다. 세 제자에게 동행을 요청하시기 전, 예수님은 자신이 시험받을 때 그들이 함께 했다고 말씀하셨다(눅 22:28). 예수님의 시험은 사역 초기의 광야 시험으로 끝나지 않았다. 사탄은 잠깐 떠났다가 다시 돌아왔고 자주 찾아왔다. 지금도 사탄은 예수님의 고뇌와 실망과 우울함을 이용해서 그분이 하나님의 뜻을 저버리고 자기 자신의 뜻을 추구하게 만들려 한다. 우리는 그리스도께서 경험하신 감정이 어떤 것인지 명확히 알 수 없다. 그러나 땀이 핏방울같이 떨어지며 육체가 떨리는 반응이 나타날 정도로 강한 감정이었다.

이것을 자세히 설명하는 까닭은 많은 사람이 오해하는 문제가 있기 때문이다. 영적으로 큰 고난을 당할 때, 여러 갈등과 시험으로 고통스러울 때, 하나님의 뜻을 쉽고 간단하게 찾을 수 없을 때, 우리는 자신에게 문제가 있다고 생각한다. 진정으로 성령 충만하지 않기 때문에 그런 것이라 생각한다.

이것은 진리를 피상적으로 이해하기 때문이다. 승리는 자동적으로 주어지지 않고 대개 격렬한 감정적 갈등을 수반한다. 우리는 이 갈등을 숨기려 하거나 부끄러워하지 말아야 한다. 우리 주님도 그렇게 하지 않으셨기 때문이다.

우리는 예수님처럼 고난의 때에 겟세마네로 가서 기도해야 한다. "하나님 아버지, 제 마음 깊은 곳의 감정, 제가 원하는 것을 아십니다. 그러나 저의 뜻대로 마시고 아버지의 뜻대로 하소서!"

온전함과 거룩함

예수님이 감정을 경험하시고 표현하셨던 방법을 자세하게 살펴보았다. 완전한 인간으로서 예수님은 오늘날 심리학자들이 발견해 낸 원리를 이미 이해하고 계셨다. 감정적으로 적절히 표현되지 못한 경험은 나중에 '복리 이자'를 치르듯 더 큰 감정적 대가를 치르게 된다. 예수님은 각 경험을 합당한 감정으로 표현하며 제때에 반응하셨다. 그래서 이른바 '지연 반응' 때문에 고통스러워하신 적은 없다.

예수님은 "씩씩한 남자아이는 울지 않는다"라는 말을 믿지 않으셨다. 아동기나 십 대 시절에 들은 그 거짓말은 이제 못 박아 두기로 하자. 이 거짓말에서 벗어나 감정의 감옥에서 자유로워져야 한다. 그리고 그리스도를 닮아 가야 한다. 감정을 자유롭게 경험하고, 우리가 느끼는 바를 다른 이에게 표현해야 한다.

이렇게 할 때 진정한 성숙에 이르게 된다. 성숙함이란 온전함과 거룩함 둘 다를 의미한다. 성숙한 거룩함은 진정한 인간다움을 회복하는 것이다. 거룩함과 온전함의 중심은 타인과 하나님과 우리 자신을 알고 사랑하는 것이다. 성화의 과정은 본질적으로 인간화의 과정이다. 우리는 거룩해질수록 인간다워진다. 이 세상에서 완전한 인간이셨던 예수 그리스도를 닮아 가기 때문이다. 예수님은 완전한 신성, 완전한 성결, 완전한 인성을 가지신 분이었다.

불행히도 어린 시절에 들은 좌우명이 우리 안에 심기면서 우리 대다수는 거룩함을 인간다워지는 것과 반대되는 방식으로 여기게 되었다. 그 결과, 그리스도인의 경건함과 거룩함은 하나님의 창조를 기뻐하는 자리에서 물러나는 형태를 띤다. 우리의 삶은 경직되고, 순수하고 자연스럽게 흐르는 사랑에 굶주리며, 인간적인 따뜻함이 결여된다. 그러나 그렇게 살지 않아도 된다. 감정 시스템이 비기독교적 정보들에 의해 잘못 설정되어 있었다 해도 성령으로 말미암아 재설정될 수 있다. 우리는 하나님의 경직된 자녀가 아니라 거룩하고 온전한 자녀가 될 수 있다.

5.
사랑과 결혼에 대한 환상

"사랑은 로맨틱한 거야."

    사랑과 결혼에 대한 유치한 생각을 사람들이 모두 버렸으면 좋겠다고 생각한 적이 있는가? 미국에서 두 쌍이 결혼하면 한 쌍은 이혼한다는 통계를 보았을 것이다. 미국의 이혼 건수가 전 세계 이혼 건수의 절반을 차지한다는 것도 아는가? 통계에 잡히지 않은 이혼도 많다. 법적 절차는 밟지 않았지만 많은 부부가 별거 상태에 있다. 거의 200만 명이 감정적으로나 영적으로 이혼한 상태다.

만일 같이 살고는 있지만 행복하지 않은 부부들의 숫자까지 여기에 더한다면, 미국에서 여전히 결혼 관계를 유지하고 있는 평범한 부부가 함께 행복하게 살 가능성은 50퍼센트도 되지 않는다는 충격적인 결론에 이르게 된다. 복음주의 기독교인들도 예외가 아니며 이혼 통계에 놀랄 만한 비율로 포함되고 있다.

바울은 진정한 성숙함에 이르는 길은 어린아이 같은 이해력을 버리는 데 있다고 말한다. 결혼에서 이보다 중요한 것은 없다. 너무나 많은 이들이 연애와 결혼에 대해 어린아이같이 생각하고 이해하고 소통한다. 그도 그럴 것이 이 환상은 잠들기 전 부모님 무릎을 베고 듣던 동화에서 시작되었다. 멋진 왕자가 아름다운 공주와 결혼하는 이야기 말이다. 청소년기에는 텔레비전 앞에서 이 환상이 이어진다. 유치하고 비현실적인 개념을 청소년의 머릿속에 밀어 넣고 있는 대중매체는 이 모든 일에서 가장 병들고 사악한 요소다. 성인기에 들어서고 교제를 시작한 젊은이들이 여전히 어린아이처럼 생각하고 이해하고 있다.

사도 바울이 '어린아이의 일'이라고 말한 것을 심리학자들은 사랑과 결혼 영역에서 '로맨틱 유아주의'라고 부른다. 환상으로 가득 차 있으며 자기중심적 사랑인 로맨틱 유아주의는 성경이 말하는 사랑과 엄청난 차이가 있다. 부부간의 사랑은 그리스도께서 교회를 사랑하심에 비유될 만큼 깊고 강하고 헌신적이고 오래 참는 것이다. 이것이 환상 속 사랑(reel love)과 참사랑(real love)의 차이다.

에로스(Eros)

"그 사람을 사랑하고 있다는 걸 어떻게 알아요?" 나는 젊은 여대생에게 물었다.

"그 사람 곁에 있기만 해도 가슴이 막 떨려요!"

"마치 젤리같이 말랑말랑한 느낌이 드나요?"

"맞아요! 바로 그거예요!"

나는 젤리를 좋아한다. 젤리는 샐러드나 디저트로 좋다. 그러나 균형 잡힌, 영양이 잘 공급된 결혼 생활을 원한다면 그것 말고 다른 요소도 많이 필요하다.

당신을 설레게 만드는 결혼의 한 부분을 내가 과소평가한다고 생각하지 말라. 성숙한 그리스도인의 사랑과 결혼에서 감정적 요소는 매우 중요하다. 성적 사랑, 에로스, 육체적 매력은 모두 하나님의 선물이며 그분의 아이디어와 계획이다. 하나님은 그것이 성숙한 결혼의 핵심 요소이기를 원하신다. 만일 에로스적 사랑이 당신의 결혼 개념에 없다면 결혼할 준비가 되지 않은 것이다. 평생 한 번도 내 마음이 두근거리지 않는 사람과 결혼하는 것처럼 끔찍한 일은 없다!

많은 사람이 에로스와 성에 대해 말은 잘하면서도 즐기지 못하는 까닭은 무엇인가? 왜 성적 불능과 연관된 문제들이 늘어나는가? 현실을 환상으로, 진짜 살아 있는 여성을 종이 인형으로 대체했기 때문이다.

〈플레이보이〉 잡지 안에 끼어 있는 포스터는 결혼 상대자를 실제로 만날 때 당신이 멋진 연인이 되는 것을 방해할지 모른다. 환상이 현실을 대체할 수도 있다. 플레이'맨'(Playman)이 아니라 플레이'보이'(Playboy)임에 유의하라.

에로스는 기독교적 사고방식에서 거룩한 것이며, 필수적이고 중요하다. 그러나 에로스 즉 욕망에만 기초하는 사랑은 불안정하다. 세상의 어떤 두 사람도 항상 서로에게 매력적으로 보이지는 않는다. 서로에게 냉담해지기도 한다. 시간이 가면서 외적 조건은 변화되기 때문에 관계에서 지속적인 사랑이 이루어지려면 에로스는 내적 아름다움에 기반하는 비율이 더 커져야 한다.

'사랑에 빠지는 것'을 결혼의 기초로 삼는 것은 유치하다. 사랑이란 외계에서 온 신비한 능력이어서 갑자기 두 사람을 붙잡아 압도해 버리고 이성적 통제 저편으로 데려간다고 생각할지도 모르겠다. 만일 사랑이 그렇게 시작된다면, 신비롭게 온 것처럼 신비롭게 가 버릴 수도 있다. 몇 년 전, 텔레비전 프로그램에서 여주인공과 남주인공이 결혼 서약을 했다. 두 사람은 "우리 둘 다 사랑하는 한" 서로 소중히 여기며 돌보겠다고 선언했다. 그들은 단 한 글자를 바꿔서 "우리 둘 다 살아 있는 한" 사랑하겠다고 서약하는 결혼 철학과 완전히 다른 철학을 내세웠다.

사랑이 주관적인 감각의 강도로 측정되리라 생각한다면 어리석다. 그것은 단지 사랑의 감정과 사랑에 빠진 것일 뿐이다. 이는 타인을 통해 나 자신을 사랑하는 것으로, 세상에서 가장 이기적인 일이다. 누가 자신의 감각과 사랑에 빠지는가? 누가 자기 자신과 사랑에 빠지는가? 물론 아기가 그렇다. 현대의 사랑 개념은 로맨틱한 유아주의일 뿐이다. 에로스에 과대한 중점을 두어 균형이 깨진 유아주의는 어린아이가 어른 옷을 입고 할리우드의 화려한 무대를 누비며 동화 같은 판타지를 책임감 있는 어른 드라마로 포장하려는 자기애에 불과하다.

필리아(Philia)

성경에는 사랑을 나타내는 두 번째 용어, 필리아가 있다. 필리아는 같은 관점을 공유하고 같은 목적을 향해 노력하는 사람들 사이의 유대감을 형성하는 사랑으로, 우정과 같은 사랑이다.

성경은 헌신된 그리스도인이 아닌 사람과 결혼하는 것을 금지한다. 성경은 "너희는 믿지 않는 자와 멍에를 함께 메지 말라"(고후 6:14)고 경고하는데, 이 말씀은 필리아, 즉 우정의 본질 때문에, 그리고 우정이 관점과 이익의 기본적 일치를 전제하기 때문에 존재한다. "두 사람이 뜻이 같지 않은데 어찌 동행하겠으며"(암 3:3). 물론 그 둘은 동행할 수 없다. 함께 오래 걸을 수도 없거니와, 가장 진지하고 친밀하며 큰 노력이 필요한 관계 안에서 서로 사랑하고 함께 살아가기는 더더욱 불가능하다. 따라서 필리아의 최소 요구 조건은 당신이 교제하고 결혼을 준비하는 상대가 그리스도 안에 있어야 한다는 것이다. 그리스도 안에서 하나 되지 않는다면 성공적인 결혼 생활은 불가능하다.

그러나 두 사람 모두 좋은 그리스도인이라고 해서 결혼 생활이 저절로 잘된다는 뜻은 아니다. 우리는 결혼하지 말았어야 할 훌륭한 그리스도인들을 알고 있다. 필리아에는 영적인 연합 외에도 성격의 조화 등 결혼 관계의 결합을 더 굳건히 하는 중요한 요소가 많이 포함된다.

사랑과 결혼에 관한 우리의 생각에서 이 필수적인 요소를 간과한다면 이는 어리석은 일이다. 대중매체에 나오는 유치한 관념, 사탄이 주는 망상의 일부는 이런 것이다. "그 남자와 결혼한다는 건 생각할 수 없어. 그 사람은 정말 좋은 친구야." "난 그녀와 사랑에 빠질 수 없어. 그녀는 좋은 친구일 뿐이야." 이보다 심한 허튼소리를 들어 본 적이 있는가? 좋은 친구라는 것만큼 더 좋은 결혼의 기초가 있을까? 반대로 생각해서, 당신과 함께 살 누군가가 좋은 친구가 아니라고 생각해 보라. 연애할 때 해야 할 좋은 질문은 이것이다. "만약 우리가 절대 성적인 관계를 갖지 않는다 해도, 평생 친구로 함께할 수 있을까?" 상당히 어려운 질문이지만 중요한 질문이다.

아가페(Agepe)

성인이 되면서 우리는 결혼 상대자에 대한 온갖 조건을 마음에 떠올린다. 가장 적합한 사람은 하나님이 인도하시는 사람이지만 경우에 따라 그 사람이 당신이 꿈꾸던 이상형과 반대인 경우도 있을 것이다. 바로 이 부분이 성숙한 결혼에 절대적으로 필요한, 성경적 사랑의 세 번째 유형인 아가페를 이해해야 하는 대목이다.

아가페는 하나님에게서만 오는 사랑이며 모든 특성이 하나님을 닮았다. 이것은 타인을 위한 사랑이며 자기희생의 사랑이다. 아가페는 감정이 아니라 의지에 바탕을 둔다. 아가페는 필리아나 우정과도 공통점이 없으며, 의지적으로 결심한 헌신에 의존한다. "그럼에도 불구하고" 사랑하기로 헌신하는 것이다.

아가페가 과연 어떤 사랑인지 알고 싶다면 고린도전서 13장을 읽어 보라. 아가페는 행동 방식이자, 돌보고 보호하고, 사랑하고 소중히 여기며, 그 사람의 안녕을 책임지겠다는 헌신이다. 이것은 언약적 헌신이며 환경이나 기분의 변화에 관계없이 지속된다.

결혼은 어른을 위한 것

성숙한 기독교적 결혼은 다음 세 가지 사랑이 결합된 것이다.

- 에로스: 욕망, 성적인 끌림
- 필리아: 순수한 우정, 관심과 목적의 일치
- 아가페: 깊이 있는 언약적 헌신

결혼의 사랑은 이 세 가지의 귀중하고도 유동적인 균형이다. 낭만과 에로스는 결혼을 시작할 때 큰 도움을 준다. 이것은 우주선을 궤도에 올려놓고 떨어져 나가는 로켓과 같다. 우주선이 목적지를 향해 성공적인 항해를 계속하려면 다른 힘이 필요하다. 성공적인 결혼을 위해서는 균형이 맞지 않는 유치한 사랑 개념을 버려야 한다.

사도 바울은 이렇게 말한다. "내가 어렸을 때에는 생각하는 것이 어린아이와 같았다." 그렇다. 결혼은 어른이 하는 일이다. "사랑 안에 빠지다"보다는 "사랑을 향해 올라간다"는 말이 기독교적으로 더 정확할 것이다.

의사소통

결혼 관계에서 가장 큰 문제는 소통이다. 사도 바울은 말한다. "내가 어렸을 때에는 어린아이같이 말하고 어린아이 수준에서 의견을 교환했으나 어른이 되어서는 성숙한 수준에서 소통하고 있다." 다행히 사도 바울은 성숙한 소통이 무엇인지를 가르쳐 준다. "우리는 이 이상 더 어린아이로 있어서는 안 됩니다. … 우리는 사랑으로 진리를 말하고 살면서, 모든 면에서 자라나서, 머리가 되시는 그리스도에게까지 다다라야 합니다"(엡 4:14-15, 새번역). 이 얼마나 아름답고 정확한 표현인가. 사도 바울은 소통의 법칙에서 우리보다 2천 년 앞서 있었다. "사랑으로 진리를 말함"이 성숙한 그리스도인의 대화다.

결혼이 불행해지는 가장 큰 이유는 서로 마음을 열고 사랑으로 대화하지 못하기 때문이다. 너무나도 많은 대화가 유치한 수준에서 이루어진다.

아이들은 어떻게 소통하는가? 어떤 아이는 사실을 말하기는 하지만 잔인하고 직설적으로 말해서 상처를 준다. "막대기와 돌멩이는 뼈를 상하게 하지만 욕설은 나를 상하게 하지 못한다." 이 말은 사실이 아니다. 욕설은 뼈까지 상하게 한다. 아이들은 때로 잔인할 정도로 솔직하지만 사랑 없이 말한다.

진실을 말하지 못하는 아이들도 있다. 거짓말을 한다는 뜻이 아니다. 감정 표현을 두려워하는 것이다. 감정을 표현할 때마다 그렇게 하면 안 된다고 혼났을지도 모른다. 아니면 함께 살고 있는 사람들에게서 감정을 진실하게 표현하는 모습을 보거나 들은 적이 없을 수도 있다. 그 아이들은 사랑은 할 줄 알지만 진실은 말하지 못한다.

비결은 "사랑으로 진리를 말함"이다. 이것이 든든하고도 성숙한 기독교적 결혼 관계를 이룬다. 이런 식으로 말하는 것은 배워야 하는 기술이다. 어쩌면 더 정확히는, 배운 것을 '잊어버려야' 하는 기술일지도 모른다. 우선 우리가 가정과 삶에서 경험한 것, 또 병든 문화가 가르쳐 준 것을 '버려야'(카타르게오) 하기 때문이다. 그것들을 내버려야 한다. 때로는 고통과 땀과 눈물로, 때로는 피를 흘리며 옛 소통 방식을 바꿔야 한다.

부부가 자신의 실제 감정을 서로에게 표현하지 않은 채 같이 살면서 아이를 낳아 키울 수 있다는 것이 정말 놀랍지 않은가? 목사들도 이 문제에 책임이 있다. 성도들에게 결혼 생활에서 갈등을 표현하는 것은 죄라고 가르쳐 왔기 때문이다. 이 생각이 놓친 부분은 남편과 아내는 항상 어떤 식으로든 소통하고 있다는 점이다. 무엇이 잘못인지를 터놓고 말하지 못해서 각자의 불만과 의견과 분노를 정당하지 못한 방법으로 표현한다.

예수님의 이름으로 배워 왔던 유치한 환상을 버릴 필요가 있다. 그리스도인의 삶에도 건설적인 갈등, 즉 성숙한 방식으로 의견 차이를 다루는 방법이 있다는 것을 배워야 한다. 참는 것이 신앙인의 도리라 생각해서 갈등 상황에서 침묵하는 사람들이 많다. 그들은 의견이 일치되지 않는 상황을 피하려 하는데, 그것이 영적이라고 배웠기 때문이다. 나는 상담을 요청하는 부부에게 그들의 근본적인 문제는 그리스도인답게 싸우는 법을 모르는 것이라고 말해 준다. '순종'처럼 보이는 상황의 대부분은 사실 서로를 직시할 만큼 사랑하지 않는다는 뜻이다.

깁슨 윈터(Gibson Winter)는 갈등이 사람들 사이의 깊은 친밀감의 대가이며 그 갈등은 올바른 소통 방식으로 해결될 수 있다고 말한다. 잘못된 소통은 진실을 말하지 않거나 사랑으로 말하지 않을 때 발생한다. 분노와 미움이 차오르다가 어느 순간 폭발하면서 상대에게 상처를 입힌다. 아니면, 자신의 진짜 감정을 숨기다가 그 상처가 다른 방식으로 튀어나온다.

"내가 장성해서는 유치한 대화 방식을 버리고 사랑으로 진리를 말하는 법을 배웠다"라고 사도 바울은 말했다. 서로 간에 대립이 있고 갈등도 있겠지만 이는 궁극적으로 창조적이며 도움이 되는 갈등이다. 결국에는 갈등이 해소되고 당신의 사랑은 더 깊어질 것이다.

헬렌과 나는 결혼 세미나에 깊이 관여하고 있다. 우리 부부가 자주 이야기하는 사건이 있다. 결혼 세미나에 참석했던 어느 부부 이야기다. 아내인 데비는 한 주에 두세 번쯤 촛불을 켜고 저녁 식사를 하고 싶어 했다. 하지만 남편인 톰은 "난 내가 뭘 먹고 있는지 보고 싶단 말이야"라든가 "날 독살하려고 그러지?"라는 식으로 이야기하곤 했다. 작았던 갈등이 점점 커졌다.

데비가 촛불을 켤 때마다 톰은 싫다고 말했다. "또 촛불이야? 나는 싫다고. 좋아, 켤 테면 켜!" 물론 식사 시간은 엉망이 되었고 데비는 상처를 받았다. 두 사람은 이 문제로 제대로 대화한 적이 없었다. 저녁 식탁에 촛불을 켤 것이냐 켜지 않을 것이냐의 대결일 뿐이었다.

그러던 중 대화 연습 시간에 데비가 자기 이야기를 털어놓았다. 데비는 양부모 밑에서 자랐고 집은 매우 가난했다. 그들은 식탁보도 깔지 않은 식탁에서 식사했다. 부엌을 비추는 빛이라곤 갓도 없이 매달린 전구뿐이었다. 부엌문이 열릴 때마다 전구는 앞뒤로 흔들렸다. 데비는 결심했다. '내가 결혼하면 식사 공간이 따로 있는 근사한 집에서 살 거야. 은은한 빛 아래서 식사를 할 거야.'

데비가 이야기를 마치자 톰은 정말 어찌할 줄을 몰랐다. "여보! 당신이 원하는 대로 촛불을 켜도 돼요! 이제야 당신이 이해돼요." 그러나 촛불을 켜고 싶다는 마음을 이해받자 데비는 이제 촛불을 켜지 않아도 상관이 없어졌다. 대부분 이런 식이다. 우리가 사랑하는 사람에게 진심으로 바라는 것은 우리가 왜 그렇게 하려고 하는지를 이해받는 것이다.

자신의 감정을 표현하라

처음에는 부정적인 감정만 표현하는 것 같더라도 염려하지 말라. 그렇게 표현하다 보면 긍정적인 감정도 표현할 수 있게 된다. 나도 이 사실을 깨닫기까지 수년간 고통스럽고 힘든 시간을 보내야 했다. 말하기와 공개적인 소통 능력에 재능이 있었고 상담자로서 내담자들과 터놓고 이야기하고 있었지만, 내면 깊은 곳에서 나는 정말 외로웠다. 내가 열한 살 때, 선교사이신 부모님이 형과 나를 데리고 미국으로 오셨다. 부모님은 이듬해에 인도로 돌아가시면서 우리를 할머니에게 맡기셨다. 형과 나는 몇 년만 있으면 부모님을 다시 만날 줄 알았는데 곧 제2차 세계대전이 일어나 두 분은 인도에 발이 묶였다. 내가 부모님을 다시 만난 것은 스무 살 생일 때였다.

나는 방학 때 기숙사에 혼자 남아 있는 학생의 감정이 어떤 것인지 안다. 아마 외로움일 것이다. 그때는 표현되지 않은 감정들이 내 안에 겹겹이 쌓이고 있음을 몰랐다. 내가 외로움과 무서움에 떨던, 깊은 감정을 표현할 수 없었던 어린 소년이었음을 결혼하고 나서야 깨달았다. 물론 설교할 때는 감정을 표현할 수 있었고(어쩌면 그것이 우리의 연약함을 돌보시는 하나님의 방법일 수 있다), 내담자의 말을 잘 듣고 민감하게 반응할 수 있었다. 그러나 내 감정을 가장 잘 표현하고 싶었던 대상인 아내에게는 정작 그렇게 할 수 없었다.

결혼 초기에 "오늘 저녁에는 다를 거야"라며 몇 번이고 다짐했던 일이 기억난다. 저녁에 집에 가면 아내를 얼마나 사랑하는지 이야기하려고 했다. 그런 말을 종일 연습하곤 했다.

인도에 선교사로 갔을 때였다. 나는 지프를 타고 여러 마을을 다니느라 몇 주간 아내와 떨어져 있었다. 그때마다 나는 연습했다. 집에 들어서면 아내를 꼭 껴안고 "여보, 사랑해"라고 말하리라 다짐했지만, 문에 들어서기만 하면 몸이 굳어 버렸다. 내 안에 자리한 어린 시절의 벽이 우리 사이에 있었다. 나는 말 그대로 손에 피가 흐르고 상처가 난다고 해도 그 벽을 부수고 싶었다. 그 벽 때문에 결혼 관계가 망가지고 우리는 낙심했다.

나는 헬렌에게 내 깊은 곳에 있는 자아를 보여 주어야 했다. 이 자아는 무서워하고 외로운 소년, 약하디약한 소년이었다. 그러나 나는 그 자아를 보여 주기를 두려워하고 있었다. 그런 자아가 없는 척했다. 헬렌은 자신의 감정을 잘 표현했다. 자신의 두려움과 사람들 때문에 겪은 좌절감을 내게 이야기했다. 그러나 나는 아니었다. 나는 늘 뻔뻔했다. 헬렌이 자신의 부족함을 이야기하면, 나는 그것을 여성의 약함이라고 해석했다. 내가 진짜 감정을 털어 놓으면 우리 둘 다 무너져 함께 망가질까 두려웠다. 그래서 나는 "자, 그런 것 때문에 우울해지면 안 돼"라며 용감한 척했다. 그러나 항상 내 안에는 두려워하는, 외로운 소년이 있었다.

그러나 하나님은 신실하시다. 어느 날, 자아를 겹겹이 둘러싼 둑이 무너지자 나는 내 속에 있는 겁 많고 외로운 소년이라는 실제 자아를 보여 줄 수 있었다. 나는 모든 것을 헬렌에게 이야기하면서 주체할 수 없이 흐느꼈다. 그러자 놀라운 일이 벌어졌다! 헬렌이 결코 약하지 않고 놀라울 만큼 강하다는 것을 그때 알았다. 헬렌은 해바라기가 해를 향해 꽃을 피우듯 내게 마음을 열었다. 나를 격려하고 힘을 북돋워 주었다. 놀랍게도 내가 거짓의 가면을 벗고 그녀에게 참모습을 드러내자 사랑을 자유롭게 표현할 수 있게 되었다. 막혔던 둑이 터지고 감정의 흐름이 자유로워졌다. 나는 부정적인 감정이든 긍정적 감정이든 내 안의 깊은 감정을 모두 표현할 수 있게 되었다.

갈등하는 그리스도인들? 그렇다. 그들은 창조적이며 성숙한 하나님의 사람들이다. 그들은 더 이상 감정이나 상황에 흔들리는 아이가 아니라 사랑으로 진실을 말하는 성인이다. 이들은 모든 면에서 계속 성장해 간다.

아름다운 결혼 관계에서 성숙한 그리스도인의 사랑은 헌신과 노력의 결과다. 헬렌과 나는 세상의 어떤 일보다 결혼 생활을 위해 노력한다. 결혼에 대한 가장 유치하고 미성숙한 오해는 바로 이것이다. 사랑은 저절로 유지되며, 좋은 결혼은 그리스도께 헌신한 두 사람이 맺어지면 알아서 이루어진다는 생각 말이다. 이 비성경적 생각을 버릴 때, 당신은 성장할 것이다. 결혼은 힘든 일이지만 그 힘든 일은 기꺼이 할 수 있는 일이다. 그러면 그 수고가 그만한 가치가 있음을 알게 될 것이다. 지금부터 영원히 해야 할 일은 바로 사랑하는 일이다. 지금부터 연습을 시작하라. 내가 아는 한, 결혼은 천국 생활을 위한 최고의 준비다.

6.
하나님의 뜻에 대한 오해

"세상 모든 일은(악한 일도) 하나님이 의도하신 거야."

천문학자가 목사와 대화를 나누고 있었다. 목사는 그 뛰어난 과학자에게 하나님에 대해 생각해 보라고 권했다. 천문학자는 어깨를 으쓱하며 이렇게 말할 뿐이었다. "목사님, 제 신학은 매우 단순합니다. '선을 행하고 네 이웃을 네 몸처럼 사랑하라.'" 그 말에 목사는 이렇게 대답했다. "좋습니다. 제가 아는 천문학도 단순합니다. '반짝반짝 작은 별.'"

하나님과 그분의 뜻이라는 개념에 대해 이런 단순한 신학을 가진 사람들이 있다. 우리가 진짜 궁금한 것은 이것이다. "하나님은 이 세상에서 자신의 뜻을 어떻게 이루시는가?"

천문학자와 같은 신학을 가진 사람이라면 이렇게 생각할지 모른다. '그런 질문은 너무 신학적이고 현학적이야. 철학 수업에서는 좋은 주제일지 몰라도 내 일상생활과는 무슨 상관이야?' 하나님에 대한, 그리고 하나님이 이 세상에서 그분의 뜻을 이루시는 방식에 대한 부적절하고 미숙한 개념을 버리는 것이 얼마나 중요한지를 다음 세 가지 실화에서 생각해 보자.

젊은 부부가 한밤중에 아기를 안고 다급히 응급실로 갔다. 그 부부의 이웃이 새벽 3시에 내게 전화를 걸어 그 사실을 알려 주었고 나는 그들이 병원에서 돌아오기를 기다렸다. 돌아온 젊은 엄마는 가슴을 치며 통곡했다. 아기가 죽었기 때문이다. 엄마는 흐느끼며 소리를 질렀다. "내 아가! 내 아가!" 그러더니 이렇게 탄식했다. "하나님의 뜻이 있을 거라고 믿어요! … 하지만 의사가 제때 오기만 했다면, 아기를 살릴 수 있었을 거예요!" 고통스러워하며 혼란스러워하는 아기 엄마의 모습이 보이는가? 저 말은 의사가 제시간에 왔다면 하나님의 뜻을 꺾거나 피할 수 있었다는 뜻인가?

1973년, 비극적인 사건이 신문 1면을 장식했다. 캘리포니아에 사는 신실한 부부가 돌팔이 치유 사역자의 설교를 들었다. 약을 쓰지 말라는 그의 말을 믿은 부부는, 당뇨병을 앓던 14세 아들의 인슐린 주사를 끊어 버렸다. 무슨 일이 일어났을지 뻔하지 않은가.

아들이 혼수상태에 빠지는 것은 시간문제였고 결국 며칠 지나지 않아 사망했다. 그러나 부부는 하나님이 아들을 부활시키리라 믿고 사흘을 기다렸다. 결국 정부에서 강제로 장례를 치르게 했다.

이것은 무슨 뜻인가? 우리가 당뇨병에 걸렸을 때 하나님은 우리가 인슐린 쓰기를 원하실 수도, 원하지 않으실 수도 있다는 뜻인가? 의학적 방법을 사용하지 않고 하나님이 직접 치유하신다는 뜻인가?

만약 하나님이 약을 이용해서 우리 몸 안의 불균형한 화학 작용을 바로잡아 우리를 살리신다면, 우리가 안경을 써서 시력에 도움을 받는다면, 심장 수술이나 심장 박동기 삽입 등 수술을 통해서 하나님이 우리에게 새 생명을 주신다면, 이것은 하나님의 뜻인가?

10여 년 전, 뛰어난 의대생이 레지던트 수련 과정을 마쳤다. 그는 동료 의사이자 신실한 그리스도인 여성과 결혼했고, 두 사람은 선교지로 떠날 계획을 세우고 있었다. 결혼한 지 6주가 지났을 때 그는 장인, 장모를 찾아뵈었다. 정신병을 앓은 적이 있던 장모가 정신이상 증세를 일으켜 갑자기 권총을 꺼내더니 그를 쏘아 죽였다. 나는 사람들이 "그것도 하나님의 뜻이야"라고 말하는 것을 실제로 들었다. 어떻게 이 참혹한 일을 하나님의 뜻이라고 말할 수 있을까?

하나님의 뜻이란 무엇인가

하나님은 이 세상에서 그분의 뜻을 어떻게 이루시는가? 이것은 현실과 동떨어진 질문이 아니다. 이는 그리스도인의 삶에서 가장 본질적이고 중요한 질문이기에 이에 대한 어리석고 미성숙한 생각을 버려야 한다. 바울은 "악에는 어린아이가 되라 지혜에는 장성한 사람이 되라"(고전 14:20)고 했다. 우리는 재난이 닥치기 전에 성숙해져 있어야 한다. 그래야 인생의 폭풍 속에서 "슬픔이 파도처럼 밀려올 때" 닻을 내리고 흔들리지 않을 수 있기 때문이다. 또한 무엇이든 붙잡을 힘이 남아 있지 않다고 절망하지 않을 수 있다.

레슬리 웨더헤드가 쓴 소책자 《하나님의 뜻》(The Will of God)은 고난에 처한 많은 그리스도인에게 위로를 주었다. 이 장에서는 나에게 큰 도움이 되었던 그의 기본 사상을 소개해 보려 한다.

하나님 나라 바깥에는 하나님이 이 세상에서 일하시는 방식을 오해해서 하나님을 미워하고 그분께 분노하는 사람들이 수두룩하다. 하나님 나라 안에 있기는 하지만 이 문제에 관해 혼란스러워하는 사람들도 많다. 나는 '하나님의 뜻'이라는 구절이 여러 겹의 의미를 갖기 때문에 이런 혼동이 생긴다고 생각한다. 이 구절에는 최소한 세 가지 의미가 있다. 첫 번째는 하나님의 의도적이며 완전한 뜻, 두 번째는 하나님의 상황적이며 허용적인 뜻, 세 번째는 하나님의 궁극적인 뜻과 목적이다.

하나님의 의도적인 뜻

하나님의 의도적인 뜻은 당신과 이 세상을 향한 하나님의 완전한 뜻이다. 당신을 향한 하나님의 가장 이상적인 목표이기도 하다. 예수님은 이것을 부정문으로 말씀하셨다. "이와 같이 이 작은 자 중의 하나라도 잃는 것은 하늘에 계신 너희 아버지의 뜻이 아니니라"(마 18:14). 당신을 위한 뜻 안에서, 하나님은 아버지다운 선하심으로 자신을 드러내신다.

"이런 일이 일어나도록 하나님이 의도하시고 계획하셨다"라는 의미에서 지금 이 세상에 일어나는 모든 일이 하나님의 뜻이라고 믿게 되는 모든 유치하고 비성경적인 개념을 버려야 할 때다. 실제로 일어나고 있는 많은 일들은 악하고 해롭고 파괴적이다. 이런 일들은 앞에서 제시한 두 번째 의미인 '상황적이고 허용적인' 뜻 안에 있다고 볼 수는 있지만, 하나님의 의도적인 뜻이라고는 할 수 없다.

우리는 하나님의 의도적이고 완전한 뜻이 인간의 의지 때문에 일시적으로 좌절될 수 있음을 알아야 한다. 그렇지 않다면 인간은 진정으로 자유로운 존재가 아니다. 악은 잠시 성공하고 하나님의 완전한 뜻도 잠시 좌절된다. 하나님의 뜻과는 너무나 먼 일이 우리 주변에서 수없이 일어나고 있다. 캄보디아의 굶주린 아이들, 인도의 수백만 걸인들, 강제 수용소의 참혹함, 매년 미국 고속도로에서 사고로 죽는 5만여 명, 셀 수 없을 정도로 많은 아동 학대와 폭력의 피해자들. 또는 결혼 가능성이 전혀 없는 독신자가 되거나 배우자를 잃거나 이혼할 수도 있다. 지난 주 중간고사에서 낙제한 경우도 있다.

이런 목록은 끝이 없다. 당신은 이런 일들이 악하다고 말할 수도 있고, 인간의 죄와 무지와 어리석음과 이기심의 결과라고 말할 수도 있다. 사고라고 부를 수도 있고, 인간과 사회의 죄가 초래하는 필연적인 결과라고 말할 수도 있다. 그러나 하나님이 계획하시고 의도하신 뜻이라고는 말하지 말자!

어떤 사람들은 비극조차도 하나님의 의도적인 뜻이라고 여기며 위로를 얻는 듯하지만, 궁극적으로 진실 아닌 것 안에는 위로나 안위라 할 것이 없다. 만약 당신의 믿음이 거짓된 하나님 개념에 기반을 두고 있다면, 진정한 위기의 순간에는 의미를 찾을 수 없는 상태에 빠질 것이다. 그러면 하나님을 원망하게 되고 감정적으로나 영적으로 큰 상처를 받을 수 있다.

하나님의 허용적인 뜻

상황에 따라 변화될 수 있는 하나님의 허용적인 뜻은 이 타락한 우주 안에서 작동한다. 바울은 말했다. "피조물이 다 이제까지 함께 탄식하며 함께 고통을 겪고 있는 것을 우리가 아느니라"(롬 8:22). 인간만이 불완전하고 연약한 존재가 아니다. 불완전함이라는 근본적인 결함은 자연 전체에 깃들어 있어 재난을 일으킨다. 죄는 창조된 세상을 근본적인 불균형과 불완전에 빠뜨릴 정도로 심각하다. 그 불균형 때문에, 인간의 어리석음과 죄 때문에, 그리고 인간의 자유 의지가 하나님의 계획을 훼방하는 악한 상황을 만들었기 때문에, 상황적이고 허용적인 하나님의 뜻이 존재한다.

아기가 5층 건물에서 떨어져 죽는 사고가 일어났을 때, 누군가가 아기의 죽음이 하나님의 뜻이냐고 물었다. 이 물음에 대답하기에 앞서 우리의 생각을 정립해 두는 것이 얼마나 중요한지 알겠는가? 또 다른 비극적 사고가 있었다. 그 장례식에서 나는 하나님은 절대로 이런 일이 일어나기를 의도하신 적이 없다고 말했다. 그러자 일주일 내내 나는 "그때 하신 말씀이 진심은 아니었죠?"라는 전화를 받았다. 나는 대답했다. "진심으로 한 말입니다! 저는 하나님이 이 사고가 일어나기를 의도하셨다고 말할 수 없습니다." 나는 그런 하나님은 예배할 수 없다.

그런 사고가 일어나는 상황에서도, 하나님은 중력의 법칙이 작용하도록 허용하신다. 하나님의 법칙과 인과관계는 항상 작용하고 있다. 하나님의 뜻은 아기가 살과 피로 만들어지는 것이지 플라스틱이나 고무로 만들어지는 것이 아니다. 살과 피가 콘크리트에 부딪히면 중력의 법칙에 의해 깨지게 된다. 아기가 땅 위에 서게 돕는 그 법칙이 아기를 죽일 수도 있다. 그 법칙은 우리가 죄를 짓거나 부주의할 때도, 우리가 그 사건에서 무고한 당사자라고 해도 유예되지 않는다.

하나님의 상황적인 뜻 안에서는 로마서 8장 28절의 원리가 신앙생활에 참으로 중요하다. 이 세상에서 우리에게 일어나도록 허락된 많은 것은 우리가 판단할 수 있는 법칙의 세계와 자유로운 도덕적 선택의 결과다. 그런 사건들은 하나님의 상황적인 뜻 안에서 일어날 뿐, 하나님이 직접 원하시고 개입하셔서 일어나게 하신 결과가 아니다. 성경이 주는 놀라운 확신은 하나님이 그분의 궁극적인 목적을 무너뜨리거나 그분의 자녀를 무너뜨릴 수 있는 어떤 일도 우리에게 허락하지 않으신다는 것이다.

웨더헤드가 이것을 아름답게 표현했다. "하나님이 선으로 사용하실 수 없는 일이라면 어떠한 일도 당신에게 일어날 수 없다." 이에 따라 우리는 근본 입장을 달리할 수 있다. 왜냐하면 사건은 사건 자체로 끝나지 않으며 하나님은 그 상황에서 선을 도출해 내실 수 있기 때문이다. 하나님은 비극의 속성, 곧 비극의 악함과 비극으로 인한 두려움이나 고통을 무효화하지 않으신다. 그러나 하나님은 우리와 함께 일하실 수 있으며 사건이 주는 의미를 우리 삶 전체에 어울리게 바꾸어 그 상황 속에서 뜻을 이루신다.

하나님은 모든 것을 사용하실 수 있기에 모든 것이 그분의 뜻을 이루는 재료가 된다. 그러므로 어떤 그리스도인도 이렇게 이야기할 수 없다. "글쎄, 난 이것도 하고 싶고 저것도 하고 싶었지만, 열악한 가정환경, 비극적인 사고, 질병, 불공평한 일의 피해자였어. 그러니 내가 뭘 할 수 있었겠어?" 아무리 치명적인 상황이라 해도 그리스도인을 쓰러뜨리거나 하나님을 이길 수 없다. 심지어 죽음이라 해도 말이다. 비극적인 상황이 아무리 겹쳐서 온다고 해도 하나님을 막을 수는 없다.

하나님의 궁극적인 뜻

하나님의 궁극적인 뜻은 결코 좌절되지 않는다. 웨더헤드는 매우 아름다운 이야기를 들려준다. 아이들이 산속 작은 개울가에서 놀고 있다. 아이들은 진흙과 돌로 작은 댐을 만들어 물길을 돌려 장난감 배를 띄운다. 그러나 개울은 강과 계곡을 향해 쉼 없이 흐른다. 이제 어른들이 거대한 댐을 쌓아 물을 가두고 강의 흐름을 바꾼다고 해 보자. 그래도 바다로 흐르는 물줄기를 막을 수는 없다.

우리 삶에서도 많은 것들 즉 우리의 죄와 실수, 역사적 사건, 타인의 죄로 인해 우리를 향한 하나님의 계획과 목적이 잠시 지체될 수 있다. 그러나 악과 질병과 사고라는 새로운 상황에서도 하나님은 그분의 궁극적 뜻을 이루시려 다른 통로를 열어 주실 것이다.

하나님이 전능하시다는 것은 어떤 의미인가? 능력을 과시하시면서 무조건 자신의 뜻을 이루신다는 의미가 아니다. 만약 그렇다면 우리의 자유는 허상이 되고 도덕적 성장도 불가능하다. "하나님은 능력이 있다"라는 의미는 그분이 목표를 이루실 수 있다는 의미다. "하나님은 전능하시다"라고 할 때는 궁극적으로 하나님을 막을 수 있는 일은 절대 일어날 수 없다는 의미다.

예수님 시대의 지도자들은 악한 의도로 하나님의 무죄한 아들을 십자가에 못 박았다. 인간적 관점에서만 보면 역사상 가장 가증스러운 범죄다. 그러나 6주 후 예수님의 제자들은 바로 그 십자가상의 죽음에 대해 설교했다. 하나님은 인간의 범죄를 온 세상을 구원하는 도구로 바꾸셨다.

사고, 비극, 도덕적 악은 무서운 고통을 초래한다. 그러나 우리가 하나님을 사랑하고 하나님의 부르심을 받아 하나님의 목표에 협력한다면, 어떤 고난도 우리를 하나님의 사랑에서 끊을 수 없고 우리 삶에서 하나님이 목적하신 바가 이루어지는 것을 막을 수 없다.

글래스고대학의 성경학자 윌리엄 바클레이는 많은 책을 펴냈다. 그의 신약 주석은 전 세계적으로 유명하고 많은 언어로 번역되었다. 그의 신학적 결론 가운데 동의하지 않는 부분이 있긴 하지만, 그 배경 자료의 탁월함은 타의추종을 불허한다. "윌리엄 바클레이는 어떻게 그 많은 일을 해냈을까?"라는 질문이 여러 번 제기되었다. 칼럼을 쓰고, 책을 저술하고, 텔레비전 프로그램에 출연하고, 대학 학장으로 일하고, 학생과 시간을 보내며 그들의 이야기를 들어 주는 일들을 어떻게 다 할 수 있었을까? 대다수 사람들은 따라 하지 못할 삶의 방식일 것이다.

몇 년 전, 윌리엄 바클레이는 청각을 잃으리라는 사실을 알았고 중대한 결심을 해야 했다. 자기 연민에 빠져 이 모든 일을 그만둘 것인지 말이다. 얼마나 큰 충격이었겠는가? 청각 장애도 윌리엄 바클레이를 향하신 하나님의 의도가 있는 완전한 뜻이라고 누가 말할 수 있겠는가? 나는 그럴 수 없을 거라고 생각했다.

그러나 윌리엄 바클레이는 자신이 하나님의 상황적이고 허용된 뜻 안에 있음을 믿었으며 로마서 8장 28절에 약속된 놀라운 능력을 붙들기로 하고, 거의 완전한 침묵이라는 새로운 세계를 잘 이용해 보겠다고 결심했다. 세상의 모든 소리에서 차단된 그는 하나님의 말씀에 온전히 집중했다. 보청기가 도움이 될 수 있었지만 침묵의 세계에 머물기 위해 사용하지 않았다. 그는 자기 연민에 빠지는 대신 로마서 8장 28절로 청각 장애를 두르고, 하나님의 목적이 자신의 삶에서 이루어지는 데 장애를 사용했다.

하나님은 이 모든 문제에 대해 성경적인 참된 이해에 이르도록 우리를 도우실 것이다. 바울이 말했듯이 나도 결론적으로 이렇게 말하고 싶다. "형제자매 여러분, 이 일을 잘 생각하십시오. 생각이 성숙해져야 합니다. 언젠가 여러분 자신과 타인의 감정 균형 및 영적 생활이 이 문제를 성숙하게 이해하고 있는지에 따라 달라질 것이기 때문입니다."

> 오, 주님. 우리는 인생의 어렵고 힘든 일들과 씨름하고 있습니다. 각자의 경험 속에서 우리 삶을 향한 하나님의 길과 뜻을 발견하기 위한 고통이 무엇인지 알고 있습니다. 우리의 믿음을 깨뜨리는 미성숙한 반쪽짜리 진실에서 우리를 구해 주소서. 우리 삶과 이 세상에서 하나님의 뜻을 이루기 위해 하나님을 알고 하나님과 함께 일할 수 있도록, 성숙한 방식으로 우리 삶을 통합해 나가도록 도와주시길 기도합니다. 예수님의 이름으로 기도합니다. 아멘.

7.
기도에 대한
순진한 기대

"기도만 하면 하나님이 다 들어주셔."

　하나님의 뜻을 계속 살펴보면서 이제 우리에게 가장 큰 영향을 끼치는 영역인 기도에 대해 알아보고자 한다. 거짓되고 미성숙한 기도 개념은 성장하고자 하는 그리스도인들의 삶에서 매우 파괴적인 요소다. 이런 개념은 천국에 들어가지 못하도록 수많은 사람을 가로막고 있다.
　서머싯 몸의 최고작인 《인간의 굴레에서》(*Of Human Bondage*)는 소년 필립의 이야기다. 선천적으로 발이 기형이었던 필립은 다리를 절었고, 자신의 장애를 강하게 의식하고 있었다. 어느 날 필립은 하나님께 기도하기만 하면 무엇이든 들어주신다는 말을 들었고, 그래서 내일 아침이면 이 뒤틀린 발이 반듯하게 펴져 있게 해 달라고 기도했다. 필립은 아침이 되면 발이 정상이 되어 있으리라고 기대하며 잠자리에 들었다. 아침에 일어나 보니, 발은 일그러진 모습 그대로였다. 필립은 마음에 상처를 받고 환멸감을 느꼈다. 이 경험을 시작으로 그는 믿음을 잃어 갔다.

이런 이야기는 어른들의 삶에서도 수없이 반복된다. 나는 하나님이 기도에 응답해 주시지 않아서 믿음이 흔들린다는 사람들과 오랜 시간 이야기를 해 봤다. 의도는 선하지만 잘못된 지식을 가진 그리스도인들이 더 기도하라고 부추기는 바람에 상황이 나빠지는 경우도 많았다. 그런 그리스도인들은 하나님의 능력을 말하는 성경 구절을 인용하면서, 하나님이 반드시 그들의 기도에 응답하신다고 지나치게 단정적으로 말한다.

젊은 여성인 코니도 그런 경우였다. 코니는 힘든 결혼 생활과 쓰라린 이혼을 겪었다. 그녀는 수년간 열심 있는 그리스도인이었다. 교회의 여러 활동에 참여하고 매일 기도하고 말씀을 묵상했으며 헌금도 아끼지 않았다. 직장에서도 자신의 신앙을 공개적으로 드러냈고 동료들을 전도하기도 했다.

코니는 자신에게 일어난 일을 믿을 수 없었다. 남편은 외도를 일삼다가 집을 나갔고, 코니는 이혼하면 안 된다고 믿었기에 결혼을 유지하려고 혼신의 힘을 다했다. 그러나 결국 이혼을 하게 되었고 홀로 외롭게 지내고 있다. 가장 안 좋은 일은, 코니가 하나님께 화가 났고 혼란스러운 상태라는 것이다. 하나님은 코니를 실망시키셨다. 사실 교회의 모든 성도들이 그녀를 위해 기도하고 있었다. 목사님을 포함해서 여러 사람들이 코니에게 걱정할 필요가 없다고 말했다. 하나님이 남편을 코니에게로 돌아오게 하시고 그녀의 결혼 생활을 회복시켜 주시리라 확신하는 수많은 사람들이 기도하고 있으니 반드시 그렇게 된다고 말이다. 코니는 하나님에게뿐 아니라 교회와 성도들에게도 화가 났다. 마음에 큰 상처를 받았고 산산이 부서지는 느낌이었다. 코니는 이 모든 이야기를 하는 내내 울고 있었다.

나는 비슷한 이야기를 수백 개라도 할 수 있다. 이름이나 세부 사항은 다르겠지만 기본적인 줄거리는 거의 똑같다. 혼란스럽고 환멸감을 느끼고 때로는 반항적이고 분노로 가득한, 상처받은 사람들. 이들의 믿음은 산산조각 나 있다. 왜 그런 걸까? 이 복잡한 세상에서, 기도에 대한 어린아이 같고 단순하기 그지없는 개념 위에 어른이 된 자기 삶의 일부를 세우려다가 결국 무너져 버렸기 때문이다. 예수님의 비유에 나오는, 기초를 튼튼하게 하지 않고 집을 지은 건축자와 같다.

"거짓말은 다리가 짧다"는 독일 속담이 있다. 진실이 아니거나 반쪽 진실이라면 결코 멀리 가지 못한다. 잠시 동안은 통하겠지만 오래가진 못한다. 이 문제를 깊이 생각해 보며 우리의 미성숙하고 부적당한 기도의 개념을 찾아보자. 그 개념이 우리에게 돌이킬 수 없는 상처를 주기 전에 그 개념을 버리도록(카타르게오) 하자.

하나님의 '하실 수 없음'

교회에서 청소년을 교육할 때 내가 자주 하는 질문이 있다. "하나님은 무엇이든 하실 수 있을까?" 그러면 거의 항상 모든 아이가 손을 들고 대답한다. "물론이죠. 하나님이시잖아요!" 나는 계속 캐묻는다. "정말? 확실해? 하나님이 못하시는 일은 아무것도 없다는 말이지?" 몇 분쯤 지나면, 대개 한 명 정도는 내 질문을 이해하기 시작한다. 아주 조심스럽게 이렇게 대답한다. "글쎄요. 악하거나 죄가 되는 일은 못하시겠죠." 그러면 이 주제로 흥미로운 토론을 하게 된다. 나는 뭔가를 하실 수 없는 하나님이라는 사실이 얼마나 중요한지를 청소년들에게 설명해 준다.

우리가 늘 듣던 "하나님께는 모든 일이 가능하다"는 구절의 이면, 즉 하나님께도 불가능한 일이 있다는 점을 이해하는 것은 매우 중요하다. 이것이 이슬람교 신앙과 기독교 신앙의 근본적 차이점이다. 이슬람교의 하나님은 무슨 일이든 하실 수 있는 분이다. 그분의 능력은 절대적이고 자의적이며 제한이 없다. 그러나 다른 쪽에 선 우리 그리스도인들은 하나님 자신의 도덕적 성품과 그분이 창조하신 도덕적 존재를 포함하는 그분의 세계 안에서 스스로에게 부과하신 한계성 때문에 그분의 능력이 제한된다고 이야기한다. 이 문제를 풀기 위해, 하나님이 하실 수 없는 것과 하나님이 하지 않으시는 것을 생각해 보겠다.

하나님은 자신의 본성을 위배하실 수 없다

가장 기본적이고 명백한 것, 기독교 신론의 주춧돌에서 시작해 보자. 하나님은 죄를 지으실 수 없다. 하나님께서 악을 행하실 수 없는 이유는, 그것이 하나님의 완전한 도덕적 성품에 위배되기 때문이다. 히브리서 6장 18절과 디도서 1장 2절은 하나님이 거짓말을 하실 수 없다고 말한다. 우리는 "나는 전능하신 하나님 아버지를 믿습니다"라는 신앙고백을 반복하는데, 이는 옳지 않은 일을 할 수 있는 능력도 하나님의 전능하심에 포함된다는 의미가 아니다. 하나님의 능력은 제한이 없지만 그분의 거룩한 사랑의 완전한 성품 때문에 도덕적 조건이 붙는다. 하나님은 그 거룩하신 존재 됨에 부합되는 일은 무엇이든 하실 수 있지만 자신의 성품을 거역하실 수는 없다. 하나님은 하나님이심을 부정하는 일 외에는 무엇이든 하실 수 있다.

동료 선교사가 아프리카에서 회심한 식인종 이야기를 들려준 적이 있다. 하루는 새로 회심한 식인종이 선교사를 찾아왔다. 그는 조상의 원수였던 추장을 죽이고 올 때까지 몇 시간만이라도 그리스도인의 삶을 잠시 멈출 수 없겠느냐고 물었다. 꼭 돌아와서 그리스도인으로 계속 살겠다고도 약속했다. 이 사람을 비웃기 전에,

우리도 비슷한 '휴가'를 은연중에 바란 적이 있음을 기억해야 한다. 식인종 청년은, 왜 그렇게 할 수 없는지에 대한 선교사의 설명을 듣고는 실망했다. 그 이유는 바로 하나님의 성품 때문이다.

하나님은 하나님 되심을 잠시라도 쉬실 수 없다. 자신의 성품에서 어긋나는 행동을 하실 수 없다. 그러므로 하나님은 거짓말을 하거나 죄를 범하거나 악한 것을 꾀하실 수 없다. 야고보는 이것을 다른 측면에서 이야기한다. "사람이 시험을 받을 때에 내가 하나님께 시험을 받는다 하지 말지니 하나님은 악에게 시험을 받지도 아니하시고 친히 아무도 시험하지 아니하시느니라 … 온갖 좋은 은사와 온전한 선물이 다 위로부터 빛들의 아버지께로부터 내려오나니 그는 변함도 없으시고 회전하는 그림자도 없으시니라"(약 1:13-17). 요한도 같은 원칙을 이야기했다. "하나님은 빛이시라 그에게는 어둠이 조금도 없으시다는 것이니라 만일 우리가 하나님과 사귐이 있다 하고 어둠에 행하면 거짓말을 하고 진리를 행하지 아니함이거니와"(요일 1:5하-6). 이 구절은 하나님은 순전한 빛이시며 그분에게는 아무 어두움도 없다는 뜻이다. 더 나아가 하나님은 죄와 거래하실 수 없다는 뜻이다. 하나님은 죄를 용인하실 수 없다. 그렇게 한다면 자신의 거룩하신 사랑의 도덕적 본성을 위배하는 것이기 때문이다.

물론 이것은 하나님이 도덕적 입장을 바꾸실 수 없다는 뜻도 된다. 만일 변화해야 한다면 바로 우리가 변화되어야 한다. 우리는 평생에 걸쳐 하나님을 변화시키려고 노력하고 그분을 우리 수

준으로 끌어내리려 교묘한 방식으로 애쓰기 때문에 이를 잘 기억해 둘 필요가 있다. 우리는 우리 수준에서 하나님을 사랑하고 그분과 교제하기를 원한다. 그러나 하나님의 성품을 우리의 수준에 맞춘다는 것은 그분의 성품과 반대되므로 불가능하다. 하나님은 거짓말을 하실 수도, 죄를 범하실 수도, 그분의 본성을 넘어서는 일을 하실 수도 없다. 그분의 순전하고 완전한 도덕적 성품을 거스르는 일이라면 하실 수 없다.

하나님은 자신의 법칙을 위반하실 수 없다

하나님이 하실 수 없는 두 번째 범주가 있는데, 이것은 기도에 관한 올바른 관점과 직접적인 관련이 있다. 이러한 활동은 하나님 자신의 성품이 아니라 그분이 창조하신 세계의 성질에 영향을 준다. "하나님은 이런 일들을 하실 수 없다"라는 표현이 너무 과하다고 생각하는 사람들이 있다. 그들은 그저 하나님이 만드신 세계가 이렇기 때문에 하나님 그 일을 하지 않는 것뿐이라고 말하고 싶어 한다. 그러나 이 세계만이 인간인 우리가 사는 유일한 곳이며 우리만이 유일한 도덕적 피조물이다. 실제적으로 하나님이 우리와 이 세상과 이 세상의 법칙을 그분의 방식대로 만드셨기 때문에, 우리가 관련되는 한 이 세상은 우리가 운영하는 유일한 것이다.

"하나님은 모든 것을 완전히 다르게 창조하실 수도 있었다"는 말은 너무나 관념적이다. 세계는 지금 있는 그대로이고 우리도 지금 있는 그대로의 우리다. 우리와 하나님은 이 세계의 타락한 공간에서 일하고 있다. 미루어 짐작건대, 하나님은 이러한 세계를 창조하심으로써 스스로 제한을 두신 것이고, 우리 입장에서 보면 그 일들의 일부는 하나님께 불가능한 일이 되었다. 첫 번째 범주에서와 같은 원리를 적용한다면, 하나님은 자신의 본성에 모순되는 일은 하실 수 없다.

복잡하게 들릴 수도 있지만 사실 복잡한 문제가 아니다. 어렸을 때 이런 의문을 가졌던 적이 있는가? "하나님은 자신도 움직일 수 없는 큰 바위를 만드실 수 있을까?" 또 다른 오래된 흔한 질문은 이것이다. "절대 저항할 수 없는 힘이 절대 움직일 수 없는 물체와 만나면 어떻게 될까?" 여기서 문제는 성립될 수 없는 모순을 끌어들인다는 것이다. 네모이면서 동시에 둥근 것, 직사각형이면서 삼각형, 백색이면서 검은 것은 이 세상에 있을 수 없다. 이것은 하나님이 이 세계가 일정한 법칙에 따라 움직이도록 창조하셨다는 또 다른 방식의 표현일 뿐이다. 우리는 그 모든 법칙을 알지 못한다. 어떤 것은 오랜 시간을 들여 알아냈고 어떤 것은 더 연구해야 한다. 이런 법칙들은 실제로 하나님 그분의 성품에서 비롯되고, 그분의 내적 안정성과 확실성의 표현이다. 이 때문에 세계를 혼돈(chaos)이라 부르지 않고 우주(cosmos)라고 부르는 것이다.

기도할 때 이를 고려하지 않는다면 충돌은 불가피한 상황이 되고, 언젠가는 너무 심하게 부딪혀서 믿음 자체가 크게 훼손되거나 심지어 파괴될 수도 있다. 기도에 대한 환멸감은 하나님과 이 세상의 관계에 대한 미성숙한 오해에서 자주 생긴다.

극단적인 예를 들어 보겠다. 아이를 간절히 원하지만 지금까지 아이가 생기지 않은 부부가 있다고 해 보자. 그들은 간절히 기도하는 가운데 아이를 임신하거나 입양할 수 있도록 하나님이 도와주시기를 기대할 것이다. 그러나 하늘에서 아이가 뚝 떨어지기를 기대하며 기도하는 부부는 없다. 왜 그런가? 하나님께는 어떠한 일도 가능하다고 하지 않았는가? 그런 식으로 기도하는 것은 어리석고 거짓되다는 것을 쉽게 알 수 있기 때문이다.

한 걸음 더 나아가 보자. 비극적인 사고로 무릎 아래를 절단할 수밖에 없는 상황에 처했다면 당신은 다리가 새로 자라게 해 달라고 기도하겠는가? 왜 그렇게 기도하지 않는가? "하나님께는 모든 것이 가능하다"고 성경이 말씀하지 않는가? 당신은 하나님이 그런 식으로 일하시지 않는다고 대답할 것이다. 물론 마지막 날 부활할 때에는 확실히 온전한 다리를 갖겠지만 현세에서는 아니다.

이 시점에서 현대 지식과 과학이 발견한 모든 신비에 대해 하나님께 감사하는 것이 맞을 것 같다. 현대 지식과 과학은 수많은 거짓 정보와 어리석은 생각을 제거해 주었고, 방대한 우주의 신비를 올바로 깨닫게 했다. 그러므로 새로운 과학적 발견을 두려워할 이유가 없다. 모든 사실은 하나님의 사실이다. 오늘날 우리는 많은 오류를 버리고 더욱 많은 진리를 알게 되었고 전보다 훨씬 훌륭하고 건전하며 해박한 그리스도인이 되었다. 우리를 자유롭게 하는 것은 진리이며, 다른 모든 것에 대해 그러하듯 기도에 대해서도 마찬가지다.

이것은 하나님이 그분의 우주에 갇혀 계신다는 뜻이 아니다. 하나님은 우리가 알지 못하는 더 높은 차원의 법칙으로 간섭하실 수 있다. 항공기는 중력의 법칙을 어기지 않지만 기체역학 법칙이라는 더 높은 수준의 법칙으로 중력을 이기고 비행한다. 하나님은 우리가 아는 것들을 자주 초월하여 일하신다. 성경의 기적들은 하나님이 이렇게 자유롭게 일하심을 보여 준다. 그러나 그런 기적에도 아름다운 일관성과 법칙이 있다.

C. S. 루이스는 《피고석의 하나님》(God in the Dock)에서 이것을 명확히 설명한다. 그는 마귀가 예수님께 돌을 떡으로 만들라며 인기를 얻는 지름길이 있다고 시험한 사건을 꺼내 든다. 이는 본질적으로 마술사인 마귀가 제안한 악한 시험이었다.

하나님은 마술이 아니라 기적을 행하신다. 아무도 돌로 빵을 만들지는 않는다. 하나님도 마찬가지다. 하나님은 씨앗을 옥수수나 호밀로 바꾸시고 우리가 그것으로 빵을 만든다. 예수님이 5천 명을 먹이실 때도 들의 돌멩이가 아니라 떡과 물고기에서 더 많은 떡과 물고기를 만드셨다. 이는 매년 철 따라 농부가 일함으로써, 어부가 열심히 물고기를 낚음으로써 삶을 풍요롭게 만드는 방법과 같다. 우리는 자연법칙을 따라야 하므로 오랜 시간이 걸리지만 예수님은 시간과 자연의 주인이시기 때문에 그 과정을 짧은 시간 안에 이루실 수 있었다. C. S. 루이스는 모든 기적에서 이런 일관성과 법칙을 잡아낸다. 하나님은 그분 자신에 대해 모순되지 않으시며, 이 세상에 세워 두신 신성한 질서를 깨뜨리지 않으신다.

하나님은 인간의 자유를 침해하실 수 없다

이 모든 것은 하나님 능력의 세 번째 한계로 이어진다. 이는 두 번째에서 비롯된 것으로, 하나님이 세상과 인간을 만드신 방식에 의해 스스로 부과하신 한계다. 하나님은 인간의 자유를 침해하실 수 없다. 하나님은 선택의 자유를 가진 인류를 창조하셨다. 하나님은 인간을 살갗으로 덮인 로봇으로, 완벽히 조종할 수 있는 기계로 창조하신 것이 아니다. 하나님은 여러 면에서 그분을 닮았으며 또 그분의 영혼을 닮은, 자기 인식을 하고 자기 결정력이 있는 존재를 만드셨다. 그렇다. 우리가 사는 세상의 상황 때문에 제한되기는 하지만 우리는 하나님께 응답하기에는 충분한 선택의 자유가 있다.

우리의 구원을 위해 하나님이 어떻게 일하시는지 생각해 보자. 하나님은 우리를 죄에서 구하시고, 우리가 그분의 속량받은 자녀로서 그분의 가족이 되게 하시며, 우리를 변화시켜 하나님을 섬기고 사랑하게 하시지만 우리의 자유를 제한하거나 무시하지 않으신다. 그렇다면 하나님은 어떻게 우리의 자유를 그대로 두신 채 우리에게 역사하실 수 있는가? 하나님은 그분의 전능하심만으로, 그분의 능력을 절대적으로 사용하심만으로는 우리를 구원하실 수 없다. 만약 전능하심을 이용해서 우리를 구속하신다면 우리의 인격을 침해하는 것이고, 우리에게 가장 바라시는 것, 곧 우리가 자유롭게 선택해야 할 사랑을 훼손하는 것이다.

나는 상담실에서 어린이들과 청소년들에게 이런 질문을 받곤 한다. "왜 하나님은 그냥 나를 선한 사람으로 만들어 주지 않나요?" 그러나 그것은 선함이 아니다. 그것은 노예 생활이다. 하나님은 노예가 아니라 아들과 딸을 원하신다. 하나님은 우리가 선해지도록 그분의 힘을 과용하지 않으신다. 그 대신 모든 가능한 방법을 사용해서 우리의 관심을 끌고, 우리를 부르시고 구애하시며, 우리 마음을 얻으려 하신다. 인격체인 우리를 무시하거나 강제로 굴복시키지 않으신다.

하나님은 우리의 의지적인 동의 없이는 우리를 구원하실 수 없다. 바울이 다메섹 도상에서 회심한 사건을 두고 하나님이 그를 억지로 굴복시키신 것처럼 말하는 사람들이 있다. 그 사건은 분명히 살아 계신 그리스도가 강력하게 나타나신 일이었다. 그러나 훗날 바울은 "하늘에서 보이신 것을 내가 거스르지 아니하고"(행 26:19)라고 고백했다. 즉 초자연적 능력이 나타났음에도 여전히 자신의 의지로 순종하기로 동의해야 했다는 의미다. 바울은 불순종을 선택할 수도 있었다.

이 모든 것은 십자가 사건으로 이어진다. 십자가는 하나님이 우리를 구원하시면서 우리의 자유를 보장하실 수 있는 유일한 길, 곧 고난받으심으로 감당하신 사랑의 길이었다. 십자가는 살의와 반역의 기운이 가득한 사울에게 그리스도께서 나타나신 근거였다. "사울아 사울아 네가 어찌하여 나를 박해하느냐 … 나는 네가 박해하는 예수라"(행 9:4-5). 사울의 마음을 사로잡아 평생 예수님을 사랑하는 종으로 살게 만든 힘이 이것이다. 그렇다. 하나님은 우리를 위해 고난받으실 수 있고 우리에게 호소하실 수 있고 우리를 끊임없이 사랑하실 수 있다. 그러나 우리의 의지를 꺾어 강요하실 수는 없다. 우리의 도덕적 자유를 침해하실 수 없다.

성숙한 기도

이 문제를 상당히 자세하게 살펴본 이유는, 이것이 성숙하고도 성경적인 기도의 개념에 대한 기초 작업이기 때문이다. 이를 충분히 이해하지 못하면, 기도는 환상과 동화 위에 세워진 유치한 일이 될 뿐이다. 그런 기도는 언젠가 위험한 부메랑이 되어 당신의 믿음을 크게 해칠 수 있다.

수많은 영국 고아를 기도로 먹이고 입혔던 위대한 믿음의 사람 조지 뮬러는 이렇게 말했다고 한다. "성경에서 빗나간 기도는 90퍼센트가 환상이다." 어린아이가 환상 가운데 사는 것은 문제될 것이 없지만 어른이 되면 그런 환상을 버려야 한다. 버리지 못하면 해를 당할 수 있다. 영화 〈메리 포핀스〉를 보고 우산을 펴 들고 지붕에서 뛰어내린 소녀처럼 말이다.

이 장을 시작하면서 언급했던 코니를 다시 생각해 보자. 그녀의 무너진 믿음 뒤에 있는 진짜 문제는 무엇이었는가? 그것은 타인, 즉 남편의 의지가 개입되어 있다는 사실이다. 이런 상황에서는 기도 응답을 확언할 수 없다. 하나님은 개인의 선택권을 침해하실 수 없기 때문이다. 하나님은 실제로 코니와 성도들의 기도에 응답하셨다. 하나님은 남편의 죄를 지적하셨다. 남편은 죄로 인해 슬프고 비참했다. 그러나 죄를 버리려 하지 않았다. 그는 하나님이 주신 바로 그 선택권으로 하나님을 거부했다. 그 결론은 비참한 이혼이었다. 이 사건은 기도와 연관된 많은 사례와 비슷하다. 즉 진리와 오류가 섞여 있는, 흔히 반쪽짜리 진실이라고 부르는 그것이다. 반쪽짜리 진실의 문제점은 우리가 늘 잘못된 쪽만 붙들 수 있다는 것이다. 이것이 코니와 성도들에게 일어난 일이다. 그들은 몇 가지 위대한 진리를 알고 있었기에 큰 믿음을 품고 기도했다.

- 하나님은 확실히 남편이 회개하고 변화하기를 원하셨다.
- 하나님은 확실히 그 결혼이 유지되기를 원하셨다.
- 하나님은 그분의 능력으로 하실 수 있는 모든 일을 하셨을 것이다. 하지만 이 일이 꼭 이루어지리라고 확신하고 코니에게도 장담한 것은 성도들이 너무 멀리 간 것이다. 위의 세 가지 진리에 다음 한 가지 사실을 덧붙여야 함을 잊었기 때문이다.
- 하나님은 다른 사람의 의지를 거슬러 강제로 일하실 수 없다. 하나님은 우리의 도덕적 자유를 침해하시지 않는다. 그러므로 코니의 남편은 올바른 일을 거부할 수 있고 이혼을 고집할 수 있다. 이 중요한 사항을 그들이 무시했기 때문에 이 반쪽짜리 진실이 파괴적인 결말로 끝난 것이다.

오스 기니스는 《두 마음으로》(*In Two Minds*, InterVarsity, p. 47)에서 의심의 문제를 다루는데, 하나님에 관한 잘못된 개념에서 비롯된 의심의 파괴적인 결과를 광범위하게 기술한다. "마귀의 상투적인 방법은 반쪽 거짓말이 전체 진실인 것처럼 위장하는, 반쪽 진실과 반쪽 거짓말의 세계다." 기니스는 또 이렇게 지적했다. "그런 의심을 가진 사람을 애초에 탓할 수 없는 까닭은 잘못된 가르침이 그 일의 가장 큰 원인이기 때문이다. 왜곡된 하나님 말씀을 배워서 의심이 불가피할 때, 일차적인 책임은 의심하는 사람이 아니라 그것을 가르친 자에게 물어야 한다"(p. 207).

반쪽짜리 진실은 사람을 죽일 수도 있다

인도에서 있었던 슬픈 사고를 나는 지금도 기억하고 있다. 성령 충만하고 사역도 잘 감당하던 젊고 뛰어난 감리교 선교사가 맹장염을 앓게 되었다. 병원에 가서 수술을 받으려던 참이었는데 신비주의자 친구가 그를 붙잡았다. 수술을 거부하고 하나님이 치유해 주실 것을 믿고 치유 예배를 드린다면 비기독교인들에게 더할 나위 없는 믿음의 행위와 증거가 될 것이라고 말한 것이다. 불행하게도 그는 이 잘못된 제안에 동의했다. 맹장이 터지는 것은 시간문제였고 며칠 후, 결국 그는 사망했다. 전도유망했던 훌륭한 선교사의 죽음에 온 인도가 애도했다. 기도에 대한 미성숙한 반쪽짜리 진실이 어떤 고통을 일으키는지를 다시 보게 된다.

잘못된 제안에 넘어간 선교사, 아들의 인슐린 주사를 끊은 부모처럼 치유에 대한 반쪽짜리 진실은 많은 비극을 초래한다. 나는 나쁜 시력을 하나님이 고쳐 주시리라 믿고 안경을 버린 사람들을 본 적 있다. 그들은 몇 주 고생한 끝에 시력 검사를 받고 다시 안경을 써야 했다. 핵심은 하나님이 기도에 응답해서 치유하시느냐가 아니라 하나님이 이 치유를 어떻게 이루어 내시느냐다.

하나님의 일반적인 치유 방식은 인간의 최고 지식과 의학을 십분 활용하시는 것이다. 온 땅에 충만하고 정복하라는 명령을 인간에게 주신 이래로(창 1:28), 하나님은 인간이 그렇게 하기를 기다리시며, 대부분의 치유를 자연적인 수단을 이용해 이루시려는 것처럼 보인다. 이것은 하나님이 자연적인 도구를 초월해서 초자연적 방법으로 치유하실 수 없다는 이야기가 아니다. 그것은 예외일 뿐 규칙이 아니다. 예외를 규칙으로 만들면 문제가 생긴다. 인류가 전염병과 재앙 때문에 오랫동안 기도하고 있지만 하나님은 인간이 치료법을 개발하여 세상을 다스리기를 기다리고 계신 듯하다. 그래서 천연두 백신, 당뇨병 치료를 위한 인슐린, 소아마비 백신, 수많은 생명을 살린 항생제가 개발된 것이다. 왜 이것들이 개발되기 전에 하나님이 직접 개입하지 않으셨을까? 그것은 하나님이 이 세상의 자연법칙과 (하나님의 주권 아래에서 일어나는) 이차적 원인 안에서 일하시는 방법이 아니기 때문이다.

믿음, 기도, 억측

기도에 대한 생각이 성숙하지 않으면 성경이 '억측'(presumption)이라고 말하는 상태에 쉽게 빠져들 수 있다. '억측'의 동의어는 '무모함, 뻔뻔함'(audacity)이다. 도에 지나치게 행하고 하나님께도 그것을 강요하는 것이다. 성경은 이 억측의 문제를 최소 열한 번 언급하는데, 베드로후서 2장 10절을 제외하면 모두 구약성경에 있다. 모든 면에서 억측이나 무모함은 하나님께 대항하고 그분과의 관계에서 경계를 넘어서는 것으로서 죄로 규정된다. 구약의 여러 상황에서 억측의 대가는 죽음이었다. 시편 기자는 지혜롭게도 "또 주의 종에게 고의로 죄를 짓지 말게 하사 그 죄가 나를 주장하지 못하게 하소서 그리하면 내가 정직하여 큰 죄과에서 벗어나겠나이다"(시 19:13)라고 기도했다.

성전 꼭대기에서 뛰어내려 보라는 사탄의 시험을 받으셨을 때 예수님은 무모하게 하나님 시험하기를 거절하셨다. 반쪽짜리 진실과 잘못된 성경 인용에 기초하는 미숙하고 유치한 기도들은 참된 믿음이 아니라 위험하게도 이런 억측에 더 가까이 다가간다. 하나님의 이름을 욕되게 하는 이 오류에 빠지지 않으려면 기도에 대한 우리의 생각이 그리스도 안에서 성숙해져야 한다.

캐서린 마셜은 그녀의 책 *Meeting God at Every Turn*(모든 순간마다 하나님을 만나다)에서 2년에 걸친 결핵 투병기를 공개했다. 이 책은 그녀의 순례 여정과 자신이 "풋내기의 지나치게 단순한 억측"에서 벗어나 "믿음으로 위장한 억측과 진정한 믿음"의 차이를 깨닫는 지점까지 갈 수 있도록 하나님이 어떻게 인도하셨는지를 소개한다. 그녀가 이렇게 기도를 드리기 시작했을 때, 느리지만 확실한 치유가 이루어졌다. "주님, 저는 이것을 조금도 이해하지 못합니다. 만일 주님이 저를 평생 병약한 자로 두신다 해도 그것은 주님께 달렸습니다. 좋아지든 나빠지든 저를 주님의 손에 맡깁니다. 오직 주님 섬기기만을 원합니다."

응답되지 않는 기도의 문제

응답되지 않는 기도의 문제를 잠시 다루지 않으면 안 될 것 같다. 앞서 설명한 성경적 원리가 우리의 상황 대부분을 이해하는 데 도움이 되지만, 최선을 다해 이해한 대로 올바로 기도하려 해도 여전히 혼란스럽고 당혹스러울 때가 많다. 성경에도 응답되지 않은 기도가 많기 때문에 그럴 때에는 성경도 도움이 안 되는 것 같다.

- 모세는 약속의 땅에 들어가게 해 달라고 기도했으나 거절당한 채 죽었다.
- 하박국은 망대에서 부르짖었다. "오, 주여. 내가 부르짖어도 주께서 듣지 아니하시니 어느 때까지리이까."
- 시편 기자는 우울감을 호소했다. "어찌 나를 멀리하여 돕지 아니하시오며 내 신음 소리를 듣지 아니하시나이까."
- 바울은 그리스도를 섬기는 데 방해가 되는 '육체의 가시', 곧 그의 고질적인 질병을 없애 달라고 세 번 기도했다. 그러나 바울은

그 가시를 잘 이용하고 극복하게 할 "족한 은혜"를 약속받았다.

레너드 그리피스는 20세기 현대인들이 바울의 전기를 계속 썼다면 아마 이럴 것이라고 제안한다(Barriers to Christian Belief, Harpers, p. 112).

> 그 일 이후 바울은 흥미를 잃었으며 교회에서 멀어지기 시작했다. … 육체의 가시는 그대로였으며 기도는 응답되지 않은 것이 확실했다. 그는 기도에 관한 여러 책을 읽었지만 여전히 아무 효과가 없는 듯했다. 기도하지 않고도 살아갈 수 있으리라 생각했을지 모른다. 바울은 천막 만드는 일로 되돌아갔다. 당시 기준으로 꽤 많은 재산을 모았다. 그의 삶은 매일 천천히 일정한 속도로 흘러가면서 매우 평온했고 그를 방해하는 것도 없었다. 번거로운 종교적 의무에서 벗어나니 홀가분했지만 결코 행복하지는 않았다.

이는 새로운 문제가 아니다. 하지만 고통과 관련해서 개인적인 의문이 있다면 자신만의 답을 찾아야 한다. 왜 우리의 기도가 응답되지 않는지 몇 가지 가능한 이유를 기도에 관한 고전의 내용을 인용해서 살펴보려 한다.

- 우리는 바른 것을 구하지 않는다. 자신이 실제로 무엇을 구하는지 알지 못할 때가 얼마나 많은지 모른다. 로마서 8장 26절에서 바울은 "우리는 마땅히 기도할 바를 알지 못하나"라고 말씀한다. 야고보는 "구하여도 받지 못함은 정욕으로 쓰려고 잘못 구하

기 때문이라"(약 4:3)고 썼다. 우리가 구하는 것을 정말 하나님이 주신다면, 그것은 우리에게 최악이 될 수도 있다. 하나님은 우리에게 정말 필요한 것을 알고 계신다. 하지만 우리는 진정한 필요가 아니라 욕망을 구한다. 그래서 하나님은 우리의 욕망 뒤에 숨은 우리의 진짜 필요를 채워 주시려고, 우리가 간구하는 욕망에 대해서는 응답하지 않으신다.

기독교 역사상 가장 유명한 예는 성 아우구스티누스의 어머니 모니카의 기도다. 아우구스티누스는 이탈리아로 떠나려는 아들을 막아 달라고 어머니가 밤새워 기도했다고 《참회록》(Confessions)에서 이야기한다. 모니카는 점차 타락하고 있는 아들이 환락과 유곽이 가득한 이탈리아로 간다면 어떻게 될지 상상하기도 힘들었다. 그러나 기도하는 동안 아들은 이탈리아로 떠나 버렸다. 그런데 아우구스티누스가 위대한 설교자 암브로시우스를 만나 감화를 받은 곳이 바로 이탈리아다. 어머니는 아들이 이탈리아에 가지 않게 해 달라고 간절히 기도했지만, 바로 그곳에서 아들이 그리스도인이 된 것이다. 응답되지 않는 기도의 신비를 이해한 아우구스티누스는 이렇게 감사 기도를 적었다. "주님, 주님의 깊은 뜻 안에서, 어머니가 간구한 대로가 아니라 소원의 핵심을 들으시고 저를 어머니가 바라던 모습대로 만드셨습니다."

- 우리가 해야 할 일인데 하나님이 해 달라고 기도한다. 나는 텔레비전 설교자가 기도를 자동판매기에 비유하는 것을 보았다. 동전을 넣듯이 믿음의 기도를 넣으면, 물건이 나오듯 응답이

온다는 것이다. 이것은 기도를 룸서비스로, 하나님을 하늘의 심부름꾼으로 여기는 말이다. 우리 스스로 이루기를 하나님이 원하시는 것이 있는데 그 일은 하지 않고 그 대체 행위로 기도만 하고 있으면 안 된다. 하나님은 모세와 기드온의 기도를 가로막고 이렇게 말씀하신 적이 있다. "이 문제에 대해 내게 말하지 말고, 이스라엘 백성에게 가서 이야기하라." 기도할 때가 아니라 행동해야 할 때였기 때문이다.

하나님은 때로 우리가 일의 분담을 명확히 하도록, 무엇이 하나님의 일이고 무엇이 우리의 일인지 기억하도록 일깨워 주신다. 히브리서 기자는 예수님이 고난과 순종과 훈련을 통해 "배우신" 것을 자주 언급했다. 모든 것이 기도만으로 간단히 해결된다면 어떤 그리스도인이 되겠는가? 마법 지팡이가 있는 환상의 나라에 사는 영적인 어린아이로만 머물 뿐이다. 그리피스는 통렬한 비유를 들고 있다.

> 아이가 놀고 싶어서 아빠에게 자기 숙제를 해 달라고 한다면, 그 말을 들어줄 아빠가 있겠는가? 아들을 사랑하고 아들이 성장하기를 바라는 아빠라면 그렇게 하지 않는다. 아빠는 아들을 격려하고 도와주고 옆에 있어 주고 아들이 해내는 모습을 볼 것이다. 그러나 아들이 혼자서 할 수 있을 만한 일을 대신 해 주어서는 안 된다. (앞의 책, p. 116)

우리는 이 모든 일을 성취한 것이 우리의 능력이 아니라 하나님의 능력이라는 사실을 강조하려고 "우리의 능력(ability)이 아니라 우리의 유용성(availability)"이라는 말을 자주 한다. 그러나 우리의 유용성은 우리가 가진 최고의 것을 하나님 손에 드려 하나님이 그것을 그분의 능력을 나타내시는 통로로 사용하시게 한다는 의미까지 포함한다. 우리에게 가장 좋은 것은 대부분 힘들게 얻은 것, 천천히 성취된 것이다.

• 우리는 하나님의 응답을 받을 준비가 되어 있지 않다. 나는 상담을 할수록 타이밍이 얼마나 중요한지 깨닫는다. 크로노스(χρόνος)는 신약에서 '일반적인 시간'의 의미로 사용된다. 연대기(chronology)와 측정용 시계(chronometer)라는 단어가 여기서 파생되었다.

'하나님의 시간'에는 카이로스(καιρός)가 사용된다. 이것은 예수님이 하나님 나라의 도래를 선포하시며 "때가 찼고"(막 1:15)라고 말씀하신 것처럼, 적절한 때와 알맞은 시기를 의미한다. 나는 오랫동안 상담을 하고도 그때가 내담자의 카이로스가 아님을 깨닫기도 한다. 빌려준 책과 설교 테이프, 여러 번 함께한 상담 시간이 전혀 효과가 없다가, 몇 년 후 그 사람이 찾아와서 말한다. "그때 목사님이 하셨던 말씀이 이제야 이해가 됩니다. 책을 다시 읽어 봤는데 뭔가가 느껴지더군요. 목사님, 다시 상담할 수 있을까요?" 그러면 상황이 달라진다. 성장과 변화가 놀라운 속도로 진행된다. 기도가 응답되지 않은 이유는 사람이 준비되지 않았기 때문이다.

요한복음 5장 6절은 놀라운 말씀이다. "예수께서 그 누운 것을 보시고 병이 벌써 오래된 줄 아시고 이르시되 네가 낫고자 하느냐." 이 사람이 더없이 간절해져서 변명하기를 그만두고 남 탓을 멈추고 오직 예수님을 믿고 순종하기까지, 병으로 고생하며 38년을 보내야 했다는 말인가?

나는 어렸을 때 천식을 앓았다. 십 대 때는 더 심해졌고 대학에 입학하자 봄 학기 시험을 포기해야 할 만큼 상태가 안 좋아졌다. 나는 사람들과 함께 치유를 위해 꾸준히 기도했고, 안수 기도까지 받았지만 기도는 응답되지 않았다.

몇 년 후, 이른 아침 QT시간이었다. 하나님은 기도 책에 적힌 문장을 통해 내 기억이 치유되어야 함을 깨닫게 하셨다. 지금까지 용서할 수 없었던 누군가를 이제는 용서해야 했다. 나는 마음을 살피고 기도하면서 며칠을 보냈다. 천식을 고쳐 달라고 기도하지는 않았다. 다만 내 분노와 아픈 기억을 처리해 주시기를 성령님께 간구했다. 믿기 어려울지 모르지만 그날 이후 지금까지 나는 천식을 앓은 적이 없다. 천식을 치유받고자 많이 기도했지만 더 중요한 문제가 해결되기까지는 응답을 받을 수 없었던 것이다. 우리 삶에서 응답되지 않은 많은 기도의 진실이 여기에 있다. 우리가 준비되지 않았기 때문에 하나님이 주실 수 없는 것이 많다. 많은 성인들이 "예"와 "아니오"만이 기도 응답은 아니라고 알려 준다. 하나님은 자주 다른 응답을 주신다. "기다려라."

어린아이의 한 가지 특징은 기다릴 줄 모른다는 것, 즉각적인 만족을 바란다는 것이다. 아직도 기도에 관해 어린아이 같은 관점을 가지고 있다면 주님을 기다리기가 힘들다. 우리는 "믿음과 오래 참음으로 말미암아 약속들을 기업으로 받는 자들"(히 6:12)이다. 오스 기니스는 이렇게 하나님을 기다리는 것을 일종의 보류된 심판이라고 묘사한다. 우리는 종종 그 이유를 알 수 없지만, 그 이유를 알고 계시는 하나님을 왜 신뢰해야 하는지는 알 수 있다고 기니스는 우리에게 일깨워 준다. 그러므로 인내와 오래 참음은 성숙한 관계의 증거이며, 하나님이 참으로 신실하신 분이라고 믿는 우리의 신앙을 드러낸다.

'관계'. 이것으로 이 이야기를 마무리하는 것이 좋겠다. 위대한 기도의 사람들은 우리가 하나님과 연합하기만 한다면 응답되지 않는 기도란 없다고 믿었다. 하나님은 늘 두 가지 가운데 하나로 응답하신다. 상황을 변화시키시거나 그 상황을 감당할 만한 충분한 힘을 주신다. 기도에 응답하시거나 그 사람에게 응답하신다.

이것을 이해했다면 기도에 관한 미성숙한 관점을 버린 것이다. 이제 더 이상 선물에 관심을 쏟지 않고 그 선물을 주시는 분께 관심을 가지는 것이다.

8.
혼동하기 쉬운 개념

"이런 아픔을 주시다니…. 하나님은 나를 사랑하지 않아."

이제까지 우리는 그릇된 감정과 행동을 불러일으키는, 어린 시절에 생긴 왜곡된 개념들을 다루었다. 여러 예에서 보았듯, 이런 개념들은 우리 기억에 흉터를 남긴 해로운 경험과 인간관계에서 비롯되었다. 이런 감정적인 속박에서 풀려나려면 특별한 치유 경험이 필요했다. 기독교의 기본 교리에 대한 개념이 미성숙하여 비롯된 문제들도 있었다. 이런 경우에는 성숙하고 올바르며 균형 잡힌 성경적인 원리들로 바로잡아야 했다.

이제 성숙한 그리스도인으로서 행동하기 위해, 우리가 혼동하고 있는 개념들이 무엇인지, 그 개념들을 어떻게 구분해야 할지 살펴보려 한다.

"아이들은 세상에서 가장 훌륭한 기록자이지만 가장 형편없는 해석자"라는 말이 있다. 이런 미성숙한 혼란이 어디에서 비롯되었는지 정확히 알기란 매우 어렵고 어쩌면 알 필요도 없을지 모른다. 그러나 그것들을 구분해서 어리석은 결과를 끊어 버려야 할 필요는 여전히 남아 있다.

용납받음과 인정받음의 차이

많은 복음주의 그리스도인들이 용납받음(acceptance)과 인정받음(approval)을 혼동한다. 이런 현상은 부모가 자녀의 행동을 인정하지 않는다고 해서 자녀의 인격까지 거부하는 것은 아님을 명확히 해 주지 않는 가정환경에서 생길 수 있다. 부모가 인정하지 않는 행동을 해서 벌을 받은 자녀는 부모가 자신을 좋아하지 않아서 혼났다거나, 자신이 한 인격체로 용납받지 못한다고 생각하기 쉽다. 이런 생각이 그 자녀 안에 다음과 같은 일종의 수학 공식 같은 명제로 자리 잡는다.

인정받는 것은 용납받는 것이다.

인정받지 못함은 거부당하거나 거절당하는 것이다.

따라서 처벌과 훈육은 거부와 거절이다.

결과적으로, 인정받음은 "나는 사랑받고 용납받았어"라는 뜻이다.

인정받지 못함은 "나는 사랑받지 못하고 거절당했어"라는 의미다.

이런 생각은 부모의 탓일 수도 있고 아닐 수도 있다. 그러나 부모라면 자녀를 어떻게 훈육하고 있는지 자세히 살펴봐야 한다. 자녀의 어떤 행동은 인정해 주지 않더라도 여전히 그 아이를 자녀로서 용납하고 사랑하고 있음을 분명히 알려 줘야 한다. 예민한 아이들을 대할 때는 이 구분을 잘 이해시킬 수 있도록 더 주의해야 한다. 부모는 자녀를 사랑하기 때문에 자녀들의 잘못된 행동을 반드시 교정해 주어야 한다. 자녀들의 행동을 모두 인정하지는 않지만, 그들의 행동과 관계없이 그들을 항상 사랑하고 인정할 것이다. 자녀들이 하는 모든 일을 부모로서 인정할 수 있느냐에 따라 그들을 용납할 수 있는지가 결정되는 것이 아님을 알려 줘야 한다.

그러나 때로 아이들은 선생님이나 권위자, 또는 친구들과의 관계에서 이런 경험을 하기도 한다. 어디에서 경험을 하든, 미성숙한 어른은 그 경험 때문에 감정적인 혼란과 결혼 생활의 어려움을 겪는다. 사람들에게 조금이라도 인정받지 못하면, 즉 비판은 말할 것도 없고 다른 의견 제안만 받아도 인격적으로 거절당하고 용납받지 못하는 것이라고 마음속에 기록해 버리곤 한다. 이것은 인격적인 콤플렉스, 타인을 향한 분노, 영적인 분열을 일으키는 내적 원인이다.

이것은 바리새인 같은 그리스도인이 되는 확실한 지름길이기도 하다. 이 같은 혼동을 끌어안고 있으면 자신이 하는 일이 만족스럽지 못할 때마다 스스로를 용납할 수도, 사랑할 수도 없다. 자신을 대하듯 타인을 대하게 되므로 이 유치한 공식을 타인에게도 적용한다. 그렇기에 다른 사람들이 하는 모든 일을 인정하지 못한다. 이것이 영적 율법주의 또는 금지와 규칙으로 이루어진 종교와 결합하면 그 결과는 치명적이다.

잭은 가족 문제를 의논하고 싶다며 나를 찾아왔다. 그는 형이 20년 결혼 생활 끝에 아내와 자녀를 버렸다며 속상해했다. 형제는 매우 가까운 사이였으나 잭은 형의 행동에 상처를 받았다. 그러나 잭이 정말로 힘든 점은 형을 어떻게 대해야 할지 혼란스럽다는 데 있었다. 잭은 1년 넘게 형을 집에 초대하지 않았고, 대화도 거의 나누지 않았다. 그런데 형이 만나고 싶다는 편지를 보내 온 것이다. 잭은 형에게 친절하게 대하면 마치 형이 저지른 일을 인정한다는 인상을 줄까 봐 두려웠다. 또 교회 성도들이 그 사실을 알면 자기가 이혼을 인정했다고 오해할까 봐 염려했다. 잭은 형의 편지에 답장하지 않았다. 그는 이런 태도가 잘못인 것은 알지만 어쩔 수가 없다고 나에게 이야기했다. "그게 제가 양육받은 방식입니다. 제 도덕적 기준을 누구에게든 낮춰 적용할 수가 없어요. 형에게도 말이에요."

이와 같은 딜레마는 여러 상황에서 똑같이 반복될 수 있다.

어떤 그리스도인들은 자신이 죄를 용인하듯 보일까 싶어 죄를 지은 사람에게 친절을 베풀거나 단순한 호의를 보이는 것조차 두려워한다. 이런 생각 때문에 온 교회가 고통을 겪는 경우도 있다. 그들은 '우리가 이 문제에 대해 어떤 입장을 지지하는지 사람들에게 확실하게 보여 줘야 한다'고 생각한다. 잭의 개인적인 어려움이 집단적인 규모에서도 그대로 나타난 것이다. 이 두 가지 상황에는 깊고도 유치한 불안감이 있다.

그러나 자신의 높은 도덕적 기준을 유지하면서도 그 기준을 어기는 사람들을 용납하고 사랑하는 것은 사실 가능하다. 타인의 잘못된 행동에 충격을 받고 거부감을 보이는 사람은 높은 도덕 기준을 드러내는 것이 아니다. 오히려 자신이 해결하지 못한 불안정한 감정 영역을 드러내고 있을 뿐이다. 이런 미성숙한 혼란을 해결하고 그리스도 안에서 성장해야 한다.

이러한 성숙은 예수님이 보이신 용납과 인정의 차이를 완전히 이해할 때 시작된다. 예수님은 확신에 차 있었고 내적으로 안정되어 계셨기에 세리와 죄인들, 탐식가와 술 취한 사람들, 도둑들과 창녀들에게도 깊은 연민을 품고 그들과 함께 걸으실 수 있었다. 그러나 그들의 옳지 않은 행위까지 인정하신다고 생각될 만큼 기준을 낮추신 적은 없다. 이 일로 바리새인들이 예수님을 고발하긴 했지만 그것은 자신들의 문제를 예수님께 투영한 것에 불과하다.

사생활이 복잡했던 우물가의 사마리아 여인(요 4:5-42), 부정행위를 하고 있던 세리 삭개오(눅 19:1-10), 간음하다가 붙잡힌 여자(요

8:3-11)를 대하시는 예수님의 방식은 우리가 본받아야 할 패턴이다. 간음하다가 잡힌 여인에게 하신 예수님의 말씀은 완벽한 조합을 보여 준다. "나도 너를 정죄하지 아니하노니 가서 다시는 죄를 범하지 말라"(요 8:11). 이 말씀에서 예수님은 사랑 가득한 용납, 구원을 위한 꾸짖음, 인격적인 연민, 도덕적인 도전을 아름답게 조화시키시지만 그 구분선은 흐릿하지 않다.

이 미성숙한 혼동이 일으키는 억눌림에서 풀려나지 못하면 자신의 구원에 대해 하나님과 평화를 누리지 못할 것이다. 하나님은 모든 행동이 인정받을 만해야 우리를 용납하고 사랑하실 수 있다고 말씀하시지 않는다. 하나님이 그런 분이 아니라면 우리는 영원히 희망 없이 버려진 자일 뿐이다. 하나님은 높고 거룩한 기준을 가지고도 우리를 용납하고 사랑하셨는데, 왜 우리는 그렇게 하지 못하는가?

시험과 죄의 차이

여러 가지 시험을 당할 때 기뻐해야 한다고 말한 사람은 야고보다. 야고보는 시험을 견디는 사람은 복이 있다고까지 말한다. 그러나 그런 생각은 우리의 일반적인 관점이 아니다. 어떤 사람들의 경우에는, 시험과 죄에 대한 근본적이고도 극심한 혼동 때문에 상황이 더 악화된다. 나는 사탄의 교활한 제안에 넘어가 죄책감을 느끼고 정죄받는 일이 없도록 성경과 유혹의 실제적인 측면을 주의 깊게 살펴보려고 한다.

우선 모든 사람이 시험받는다는 점은 마음에 깊이 새겨야 한다. 단테는 구불구불한 산길을 오르는 사람의 여정에 그리스도인의 삶을 비유했다. 여행을 시작했을 때 그는 젊은이였다. 산길을 얼마간 올라가자 덤불 속에서 사나운 늑대가 뛰쳐나와 그를 갈기갈기 찢으려 했다. 단테에게 늑대는 정욕, 곧 육체적 욕망이고 젊은이가 당할 수 있는 가장 큰 시험이었다.

그가 더 높이 올라가 중년에 이르자, 거대한 호랑이가 그를 덮쳤다. 이것은 '교만의 호랑이'이며, 중년의 큰 시험, 곧 지위와 명예와 신분에 대한 교만을 의미했다. 마침내 정상에 가까워져 노년기에 이르자 갈기 달린 사자가 달려든다. 이것은 노년의 큰 시험인 돈과 재정적인 안정이다.

단테가 삶의 세 가지 큰 시험을 구분하면서 말하고자 한 바는 이것이다. 그리스도인의 삶에는 시험이 없는 단계가 없다는 것이다. 아무리 성령 충만해도, 아무리 거룩하고 성숙한 사람이라도 어떤 형태로든 시험에 직면하게 된다.

더 높은 영적 수준에 오를 수만 있다면 더 이상 어떤 시험도 받지 않을 것이라고 오해하여 상담을 요청하는 사람들이 많다. 신약성경은 이스라엘 백성의 역사와 행로를 우리의 영적 경험의 상징적 그림으로 제시한다. 예를 들어, 이집트에서 종살이하던 이스라엘은 죄의 종살이와 속박을 상징한다. 홍해의 기적은 우리의 구원과 해방을 상징한다. 광야 여정은 일반적인 영적 성장을, 광야

방황 40년은 자아로 가득 찬 패배하고 낙심한 그리스도인을, 요단강은 전적 헌신의 자리를, 약속의 땅 가나안은 더 높은 수준의 성령 충만한 삶을 상징한다.

가나안에서 여호수아가 이끌던 하나님 백성의 삶을 특징지었던 특별한 일은 무엇인가? 전쟁이다. 그들은 가나안에 들어갔지만 그 땅을 정복해야 했다. 여호수아 전체는 땅을 정복하는 전쟁 이야기다. 그리스도인 역시 모든 삶의 국면에서 시험에 직면할 것이다. 우리는 자유의지를 가진 존재이기 때문에 선택할 수 있는 능력을 절대 뺏기지 않는다. 하나님은 우리를 식물이나 동물로, 또는 도덕적이자 영적인 로봇으로 만들지 않는다. 오스왈드 챔버스가 자주 이야기했듯이, 하나님이 우리에게 깨끗한 마음은 즉시 주실 수 있지만 그리스도인다운 인격은 즉시 주실 수 없다. 그 인격을 갖추는 일은 시간이 걸리며, 올바른 도덕적 선택들이 쌓일 때 가능하다.

시험이란 그러한 선택을 입증하는 장이다. 누구도 제외되지 않는다. 주님도 예외가 아니었다.

거짓되고 미성숙한 환상을 고집하는 사람은 이렇게 이야기할 것이다. "그건 나도 알아요. 하지만 정말 성령으로 충만하다면 그렇게 큰 시험은 당하지 않을 거예요." 그런 생각은 어디에서 온 것일까? 분명히 하나님의 말씀이나 성인들의 전기에서 온 생각은 아닐 것이다. 성인들은 온갖 시험과 싸운 일을 기꺼이 고백했기 때문이다.

야고보서 1장 13-14절을 보자. "사람이 시험을 받을 때에 내가 하나님께 시험을 받는다 하지 말지니." 시험은 하나님이 주시지 않는다. 그렇다면 어디서 오는가? "각 사람이 시험을 받는 것은 자기 욕심(욕망, lust)에 끌려 미혹됨이니."

'욕심, 욕망'을 뜻하는 영어 단어 'lust'는 좋은 번역어가 아니다. 1600년대에 이 단어는 인간의 온갖 욕망을 뜻했다. 그런데 요즘에는 성적인 의미로만 사용된다. 예를 들어 이 단어의 헬라어는 누가복음 22장 15절에서 "너희와 함께 이 유월절 먹기를 원하고 원하였노라"고 예수님이 말씀하실 때 사용되었으며, 마태복음 13장 17절에서 "많은 선지자와 의인이 너희가 보는 것들을 보고자 하여도"라고 예수님이 말씀하실 때도 쓰였다. 분명히 이 단어는 나쁜 것과 선한 것에 대한 욕구와 집착을 모두 의미한다. 야고보서의 이 헬라어는 오늘날 본능이라 부르는 식욕과 성욕, 그리고 인정과 친밀함을 원하는 자연스러운 욕구를 가리킨다. 그러므로 이렇게 다시 읽어야 한다. "사람이 시험을 받는 것은 자기 욕구에 이끌려 미혹됨이니"(헬라어에서 '이끌림'은 낚시할 때 미끼의 의미로 사용되고 '미혹'은 사냥 덫을 의미한다).

이제 잘 따라가 보자. "욕심 또는 욕구가 잉태한즉 죄를 낳고, 죄가 장성한즉 사망을 낳느니라." 죄가 태어나려면 이 둘이 만나야 한다. 그 둘은 무엇인가? 개인의 자연적 욕구에 사탄의 제안(시험)이 합쳐지는 것이다. 우리의 한 손에는 하나님이 주신 기본적이고 자연스러운 욕구가 있고, 다른 손에는 그 욕구를 오용하고 왜곡하여 불법적이고 잘못된 방식으로 충족시키라는 미끼와 덫과 사탄의 제안이 놓여 있다. 그러나 이 둘이 아직 합쳐지지 않았음을 기억하라. 죄는 아직 잉태되지 않았다. 이 둘은 아직 하나가 아니며 따로 떨어져 있다.

무엇이 그 둘을 떨어뜨려 놓거나, 아니면 그 둘을 합쳐 죄가 태어나게 하는가? 그것은 당신의 의지다! "아니요, 저는 그 둘이 합쳐지게 두지 않을 거예요. 둘을 떨어뜨려 놓을 거예요"라고 말한다면 욕구가 얼마나 강하든, 미끼와 시험이 얼마나 당신을 유혹하든, 당신은 죄를 범하지 않는다.

단순한 예를 들어 보자. 정원에서 일을 하고 있는데 점심시간이 다 되어 간다. 시계를 보지 않아도 배가 고파서 식사 시간인 줄 알 수 있다. 고개를 드니 사과나무가 보인다. 탐스러운 사과들이 나를 유혹한다. 나는 배가 고프고, 사과를 먹고 싶다. 입에 침이 고인다. 나는 사과나무로 다가가 사과를 하나 따려 한다. 하지만 자세히 보니 그 사과나무는 우리 마당이 아니라 이웃집 마당에 있는 것이다. 그 사과는 이웃의 것이다. 여전히 배가 고프고 사과를 먹고 싶지만 나는 말한다. "안 돼." 내 의지가 배고픔과 사과 사이를 가로막았다. 나는 유혹을 받았지만 죄를 짓지 않았다. 내 의지가 둘의 결합을 막았기 때문이다. 만일 내 의지가 욕구에 동의했다면 둘은 결합해서 죄를 낳았을 것이다.

이것은 간단한 예이며 어떤 상황은 과하게 단순화했다. 그러나 핵심을 잘 보여 준다. 이제 이 개념을 다른 유혹의 영역, 곧 성적 욕망, 인정받고 싶은 욕망, 소속감에 대한 갈망 등에 적용해 보자. 그 자체로는 모두 기본적이고 선한 욕구이며 하나님이 주신 것이다. 그런 욕구는 사과를 보고 입에 침이 고이는 것과 다르지 않으며, 따라서 죄가 아니다. 문제는 악한 제안에 어떻게 반응하느냐다. 당신이 유혹을 거절한다면 문제가 없다. "새가 머리 위로 나는 것은 막을 수 없지만, 머리에 둥지를 트는 것은 막을 수 있다." 유혹받는 것은 죄가 아니다. 악한 생각이 떠오른 것은 죄가 아니지만 그 악한 생각이 자리 잡아 굳어지면 죄가 된다. 욕구를 갖는 것은 죄가 아니지만, 욕구를 잘못된 방법으로 이루라는 악한 제안을 받아들이면 죄가 된다.

브렌트라는 대학생이 상담하러 왔다. 나는 지적인 문제로 갈등하고 있다는 그의 말을 다 듣고 나서 물었다. "진짜로 무엇 때문에 괴로운지 말해 줄래요?" 사실 그는 하나님께 분노하고 있었다. "왜죠? 하나님이 어떻게 하셨는데요?" 그러자 그의 대답은 이러했다. "문제는 그겁니다. 하나님이 저한테 해 주신 게 아무것도 없어요. 작년 영성 주간에 저는 성욕을 없애 달라고 기도했어요. 그 욕구 때문에 너무 힘들어서 없애 달라고 기도했습니다."

브렌트의 실제 문제는 시험과 죄를 명확히 구분할 줄 몰랐다는 것이다. 우리는 이 문제로 함께 이야기했고 브렌트는 그 차이를 이해하게 되었다. 브렌트는 하나님께 화낸 일이 얼마나 어리석었는지 깨닫고 신앙 안에서 회복되었다. 몇 년 후, 나는 그가 아름다운 그리스도인 여성과 결혼할 때 주례를 서는 영광을 얻었다. 피로

연에서 그가 속삭였다. "하나님이 그때 기도에 응답하지 않으셔서 정말 기뻐요." 나는 웃으며 대답했다. "아멘!"

하나님께 당신의 성욕, 꿈, 기질을 없애 달라고 기도하지 말라. 하나님은 그런 기도에 응답하지 않으실 것이다. 그 대신 성욕을 제어할 절제력을 주실 수 있고, 또 주실 것이다. 하나님께 영광을 돌리고 싶다는 열정 가득한 꿈을 당신에게 주실 수 있다. 예수님처럼 분노해야 할 것에 마땅히 분노하도록 하나님은 당신의 기질을 다듬으시고 올바른 방향으로 이끄실 수 있다. 우리는 시험과 죄의 차이를 알아야 한다.

아픔과 상함의 차이

아픔(hurt)과 상함(harm)을 혼동하는 것은 아동기와 십 대 시절에 자주 겪는 일이다. 이 차이를 어린아이가 이해한다는 것은 거의 불가능하다. 어떤 상황이든, 그 뒤에 있는 동기가 무엇이든, 아이에게 고통을 주는 것은 '아픔'일 뿐이다. 부모님이나 친구가 실수로 그런 것인데도 아이들은 그 일을 끔찍하게 생각할 수 있다. 아이들은 그 차이를 모르기 때문에 아프면 울어 버리고 만다.

우리는 자라면서 그 차이를 서서히 깨닫는다. 나는 아버지와 씨름을 하곤 했는데 한 번은 아버지가 실수로 나를 아프게 했다. 그때 아버지의 눈을 본 일이 기억난다. 아버지가 고의로 그런 것이 아님을 알았기에, 나는 정말 아파서 울고 싶었지만 꾹 참았다. 그

때는 깨닫지 못했지만 나는 중요한 교훈을 배우고 있었던 것이다.

물론 나는 운이 좋았다. 아버지는 멋진 그리스도인이셨기 때문이다. 최근에 아버지는 40년간 선교사로 일하셨던 인도에 잠깐 방문하셔서 아흔 번째 생신을 축하받으셨다.

그러나 아픔과 상함이 구별되지 않는 가정은 어떨까? 즉 훈계와 처벌, 알코올과 분노, 비방과 폭력적 상황이 마구 뒤섞인 가정, 그래서 누군가 다치면 곧 상하는 경우는 어떤가? 이런 배경을 가진 사람이라면 둘 사이의 차이를 알기가 어렵다. 그에게는 치유받아야 할 기억이 있을 수도 있고, 그리스도 안에서 성숙한 사람이 되기 위해 재구성되어야 할 전체적인 감정 반응 시스템이 있을지도 모른다.

성숙의 과정에는 징계가 필요하다. 징계는 하나님의 사랑과 관심의 표시다. "주께서 그 사랑하시는 자를 징계하시고 그가 받아들이시는 아들마다 채찍질하심이라 … 하나님이 아들과 같이 너희를 대우하시나니 어찌 아버지가 징계하지 않는 아들이 있으리요 … 그들은(우리 육신의 아버지는) 잠시 자기의 뜻대로 우리를 징계하였거니와 오직 하나님은 우리의 유익을 위하여 그의 거룩하심에 참여하게 하시느니라"(히 12:6, 7, 10). 이것은 하나님의 성숙한 아들딸이 되는 데 필요하다면 하나님은 주저하지 않고 아픔을 주신다는 뜻이다.

하나님은 우리를 아프게 하시지만 절대 상하게 하지는 않으신다. 하나님은 우리가 감정에 의존하지 않고 하나님을 전적으로 의지하도록, 필요하다면 우리를 아프게 하실 것이다. 우리가 자만하지 않고 하나님만 전적으로 신뢰하도록, 필요하다면 우리를 아프게 하실 것이다. 이것은 우리가 하나님을 떠나서는 아무것도 할 수 없고 아무 존재도 아님을 알기까지, 때로 실패하고 넘어지도록 허락하심으로써 우리를 아프게 하신다는 뜻이다. 하나님은 우리를 아프게 하는 것에 개의치 않으신다. 그 아픔은 우리를 치유하고, 우리에게 유익이 되며, 우리를 상하게 하지 않기 때문이다.

어쩌면 우리 가족의 고통스러웠던 이야기가 좋은 예가 될 것이다. 스티브는 우리가 인도 선교사로 있을 때 태어났다. 헬렌과 나는 스티브가 기형적인 발을 가지고 태어났음을 알았다. 발을 치료하려면 태어난 지 48시간 이내에 해야 했지만 정형외과 의사가 있는 병원에 가려면 800킬로미터나 되는 험난한 길을 가야 했다. 아들의 조그만 발을 깁스할 수 있는 장로교 병원까지 스티브를 데려가는 데 거의 한 달이 걸렸다.

한 달이나 지난 후 치료를 시작했기에 발을 고치기까지 몇 년이 걸렸고 세 번의 아픈 수술을 받아야 했다. 우리는 켄터키 렉싱턴의 훌륭한 정형외과 의사가 우리 부부를 부른 날을 결코 잊지 못한다. 그는 내 손에 병을 쥐어 주며 말했다. 솜으로 싸여 있어 부드럽지만 단단한 병이었다. 의사가 말했다. "아버님, 힘든 일을 하셔야겠습니다. 수술 후에 이 발이 예전처럼 뒤틀어지지 않으려면 반대로 돌려 줘야 합니다."

매일 저녁 우리는 힘든 시간을 보내야 했다. 아장거리며 걷던

스티브를 헬렌이 붙잡으면 나는 그 병 위에 스티브의 발을 올려놓고, 다른 방향으로 굽으려는 발을 반대쪽으로 최대한 돌려야 했다.

스티브가 어떻게 반응했을지 상상할 수 있을 것이다. 스티브는 아파서 자지러졌다. 그만하라고 애원도 했지만 우리는 그럴 수 없었다. 스티브는 소리 질렀다. "아빠, 미워!" 나는 속이 메슥거렸다. 나는 그 일이 하기 싫었다.

그러나 몇 년 후, 우리는 스티브가 어린이 야구 리그에서 경기하는 것을 보았고, 그의 사촌과 테니스 복식에서 3년 연속 우승하는 것도 대학 테니스 코트 옆에서 지켜보았다. 나는 생각했다. '그럴 가치가 있었어.' 스티브가 아무 불편 없이 걷는 것을 보며 또 '그럴 가치가 있었어'라고 생각했다.

당신의 하늘 아버지는 언젠가 이렇게 말씀하실 것이다. "그리스도 안에서 네가 모든 면에서 성장할 수 있도록 이제 너를 바로잡는 일을 할 거야." 하나님이 그 일을 하시면 분명 아플 것이다. 어린아이 시절의 경험이 당신을 이러한 혼동으로 몰고 가게 하지 말라. 두 가지가 다르다는 점을 항상 마음에 두라. 하나님은 당신을 아프게 하신다. 하지만 결코 상하게 하시지는 않는다.

9.
감정에 의존하는 유치한 신앙

"하나님이 인도하실 때는 항상 특별한 감동을 주셔."

사도 바울이 사용한 '어린아이같이'(헬. νήπιος)는 성경에서 흔히 쓰인 단어다. 어린아이같이 무책임하게 행동하는 어른이나 성장이 중단된 어른을 가리킬 때 이 말을 사용했다. 또 히브리서 5장 11-14절에서는 아직도 어린아이 같아서 밥을 떠먹여 주거나 젖을 주듯 해야 하는 상태에 있는 성도를 꾸짖을 때 사용했다. 바울은 고린도인들에게 "육신에 속한 자 곧 그리스도 안에서 어린아이들을 대함과 같이 하노라"(고전 3:1)고 편지를 쓰면서 이 단어를 사용했고 그들의 어린아이 같은 행동들을 나열한다.

단순히 연령 문제 때문에 이 유아적 행동을 언급한 것은 아니다. 이 구절들은 모두 어른들에게 쓴 것이기 때문이다. 이런 유아 같은 행동은 시간이 흐른다고 해서 사라지지 않는다. 나이를 먹는다고 해서 반드시 성숙해지는 것도 아니다. 단지 주름살만 늘어날 뿐이다. 그러므로 이런 유아적 행동에는 단호하게 대처해야 한다고 바울은 말한다. 그런 행동은 결함 있는 사랑에서 나오는 것이기 때문이다. 고린도전서 13장에 나오는 성숙한 사랑을 구한다면, 이 유치함을 버려야 한다.

유아의 주된 특징은 전적으로 자기중심적이며 무언가를 기다리는 능력이 없다는 것이다. 어린아이는 욕구와 성취 사이에 놓인 시간을 견딜 줄 모른다. 즉각적인 만족을 원한다. 감정에 거의 전적으로 의존한다.

많은 성인들이 이런 뜻에서 여전히 유아적이다. 즉 자기중심적이고 욕구가 즉각적으로 충족되기를 원하고 감정에 과도하게 의지한다.

감정은 매우 중요하고 기독교에서도 그리스도인의 감정생활은 중요한 위치에 있다. 성령의 열매 중에서 사랑, 희락, 화평은 감정과 관련된다. 기독교는 금욕주의가 아니다. 우리는 감정을 열등하다고 여기지 않으며 감정적 삶도 포함해야 온전해진다고 믿는다. 성령 안에서 살 때 한 가지 특징은 인간의 가장 깊은 내면을 자유롭게 표출한다는 것이다. 성령께서는 우리가 감정을 자유롭게 경험하고 표현하도록 이끄신다.

감정과 인격

삶의 특정 영역에서 감정을 표현하는 방식은 신앙생활에서도 같은 방식으로 드러난다. 만일 일상생활에서 감정을 표현하는 데 곤란을 겪는다면, 회심하고 성령으로 충만해지더라도 감정적으로 완전히 변화되지는 못할 것이다. 신앙생활에서도 이와 비슷한 곤란을 겪을 수 있다. 어떤 이들은 이런 면에서 더 큰 곤란을 겪고 있는데 바울의 어린 제자 디모데는 예민하고, 쉽게 우울해하거나 낙심하는 성향이었던 것 같다. 디모데가 울적해 있으면 바울은 그를 "일깨워 생각나게" 해 주고 다시 힘을 낼 수 있게 도와주어야 했다.

신앙 경험이 인격과 성향과 기질을 모두 바꿔야 한다고 믿었다가 그 환상이 깨지면서 고통스러워하는 이들이 있다. 하나님은 우리 인격의 근본 구조는 바꾸시지 않는다. 하나님은 우리의 현재 모습 그대로 당신의 영광을 위해 사용하실 수 있다. 연극 〈푸른 초장〉에서 노아는 하나님을 믿고 순종하면서 이렇게 말한다. "주님, 저는 대단한 사람이 아닙니다. 그러나 이 모습이 저입니다!" 아주 심오한 말이다. 자신이 어떤 사람인지 깨닫고 받아들이는 일은 빠를수록 좋다. 하나님이 쓰시고자 하는 당신은 누구도 대신할 수 없는 유일한 존재인 당신 자신이다.

우리는 모두 삶의 특정한 영역에 문제가 있다. 각자 달란트와 은사가 다르기 때문에 어려움 또한 다르다. 사람들은 대부분 기질이나 성향에 문제를 갖고 있다. 그리스도인이 된 사람이 할 수 있는 가장 건강한 행동은 자신을 잘 들여다보고, 자신의 기본적인 성격을 인정하며, 다른 사람과 같지 않다는 이유로 자신을 질책하지 않는 것이다.

감정은 우리 자신을 구성하는 여러 요소 중에서 가장 변덕스럽고 신뢰할 수 없는 부분이다. 감정은 신비롭고 설명하기 어렵다. 우리는 감정을 직접 만들어 낼 수 없고, 우리의 의지로 감정에 명령할 수도 없다. 감정은 많은 요소에 좌우되는데, 그중 어떤 요소들은 알려져 있고 어떤 요소들은 설명하기 어렵다. 옛 성도들은 이를 잘 알고 있었다. 16세기 프랑스의 성인 페늘롱(Fénelon)은 그리스도인의 삶에서 감정이 메마른 시기를 '정체기'(건조기)라고 표현했다. 그는 이런 메마른 시간을 만들어 내는 목록을 정리했는데 그중에는 매우 영적인 것처럼 보이는 항목도 있지만 이런 것도 있다. "당신 집에 너무 오래 머무는, 선의를 가진 손님 때문일 수도 있다"(그리고 당신은 이 느낌이 죄가 아닐까 생각했을지도 모른다). 페늘롱은 감정이 다양한 원인 때문에 생긴다는 것을 이해했다. 예를 들어, 간밤에 잠들기 전과 완전히 다른 느낌으로 아침에 깨어났는데 그 이유를 알 수 없었던 적이 있지 않은가?

그렇기에 감정이 우리를 좌지우지하도록 놔두는 것, 특히 감정을 영적 건강의 지표로 삼는 것은 참으로 유치한 일이다. 감정이 우리를 지배하게 놔두면 금세 죄책감과 원망을 품게 되고, 특별한 경험이나 감정이 없으면 뭔가 잘못되었다고 생각하게 된다. 그러다가 우리는 비교하기 시작하고, "만일 그랬더라면"이라고 말하면서 자신이 아닌 다른 사람이 되기를 원하게 된다.

이제 어린아이처럼 너무 감정에 의지하는 성향을 버려야(카타르게오) 할 영역이 무엇인지, 성숙하고 균형 잡힌 온전한 그리스도인의 삶이 어떤 것인지 생각해 보자.

감정과 확신

구원을 확신할 수 있는 근거를 감정에서 찾으려는 이들이 있다. 구원과 감정의 관계 문제만큼 사람들이 목회자를 많이 찾는 주제도 드문 것 같다. 감정은 변덕스럽고 신뢰하지 못할 것이기에 감정에 의지하는 것은 위험하다. 우리가 하나님의 자녀라는 것을 우리 영과 더불어 성령이 증언함에 있어 감정이나 느낌이 깊이 관여하지 않는다는 뜻이 아니다. 분명히 감정도 관여할 것이다. 그러나 감정이 중심이 되어서는 안 된다. 감정 변화는 구원을 확신하는 일에서 우선적으로 일어나는 일이 아니며, 만약 감정을 우선으로 삼는다면 하나님이 정하신 순서를 따르지 않는 불행하고 불안정한 그리스도인이 될 것이다.

하나님이 정하신 순서를 다윗은 이렇게 기록했다. "너희는 여호와의 선하심을 맛보아 알지어다"(시 34:8). "알고, 그다음에 맛보라"(see and taste)로 이 말을 뒤집을 수 없다. 맛보기 전에 경험하고 안다는 것은 불가능하다. 성경을 보아도 하나님의 약속의 진리가 먼저 왔으며 그 약속은 예수님의 삶과 죽음과 부활로 입증되었다. 예수 그리스도 안에서 보인 그 진리를 우리는 받아들이고 행하고 순종하고 믿어야 한다. 그 후에야 올바른 감정이 생긴다. 성경은 진리를 확고히 붙잡는 것, 감정이 만들어지는 관계를 올바로 맺는 것을 강조한다. 그것이 하나님이 정하신 순서다. 사실, 믿음, 느낌. "맛보아 알라"는 것은, 믿음, 신앙, 인정, 붙잡음이 먼저이고 그다음에 "여호와는 선하시다"를 알고 느끼게 된다는 것이다.

패배하고 우울에 빠지고 불안해하는 그리스도인이 되는 지름길은 자기 자신에게 "기분이 어때?"라고 늘 묻는 것이다. 하나님과의 관계의 기초를 감정 위에 세운다면 이것은 영적 미성숙의 확실한 증거다. 성숙에 이르는 확실한 길은 기분과 감정을 초월해서 사는 법을 배우는 것이다. 여기에는 훈련이 필요하다. 특히 감정에 사로잡히기 전에 진리를 구하는 법을 배우지 못한 감정 우선주의자에게는 더 특별한 훈련이 필요할 것이다.

인도 선교사인 안나 모우(Anna Mow) 수녀가 우리 부부에게 제안한 내용을 나는 좋아한다. 그녀는 우울하고 정죄받는 것 같고 구원이 의심스러운 날들에 쓸 수 있는 유용한 공식을 알려 주었다. 그런 울적한 날에 안나 모우는 자기 자신과 대화를 한다. 정말 좋은 생각이다. 나 역시 지적인 대화를 즐기기 때문에 그렇게 하곤 한다. 다음은 안나가 우울한 날에 자신과 대화하는 내용이다.

- 어젯밤 잠은 충분히 잤는가?
- 고의건 아니건 간에 남에게 상처 준 일이 있는가?
- 분노나 자기 연민을 느끼고 있는가?

이 세 가지 질문에 해당 사항이 없고 영적 소화불량의 이유를 찾지 못하면 안나는 고개를 젖히고 웃어넘긴다고 했다. 얼마나 멋진 웃음인가. 그리고 이렇게 말한다. "좋아, 안나 모우. 우울감에 빠져 있고 싶으면 네 마음대로 해. 난 주님과 함께 있을 거야."

안나 모우의 이 간단한 공식에는 심오한 진리가 있다. 당신은 단지 당신의 감정이 아니다. 어느 때이건 당신은 당신의 모든 사상과 감정의 총합보다 크다. 당신의 자아는 당신의 감정이 어떻든 그것을 초월하며 그 위에 있다. 성숙한 신앙생활에서 중요한 걸음은 스스로 이 사실을 확인할 수 있는 지점에 이르는 것이다.

나는 아들 스티브가 그 지점에 다다른 때를 기억한다. 스티브는 고등학교를 마치고 다른 주에 가서 가가호호 방문하며 책을 팔았다. 스티브가 실수한 것이 있다면 전화 요금이었다. 그해 여름, 우리 집 전화 요금이 엄청 많이 나왔는데, 스티브가 상황이 좋지 않을 때면 전화를 수신자 부담으로 걸었기 때문이다. 우리는 첫 마디만 들어도 스티브가 낙심했음을 알 수 있었다. 나는 전화할 때마다 스티브에게 여러 번 말했다. "스티브, 너는 이제 가장 중요한 결정을 내릴 나이가 된 거야. 네 삶을 네가 통제하고 감정을 다스릴 거니? 아니면 감정이 네 삶을 다스리도록 내버려둘 거니?" 스티브는 집을 떠날 때 소년이었다. 그해 여름, 자신에 대해 근본적인 결정을 내렸기 때문에 스티브는 어엿한 청년이 되어 돌아왔다.

감정에 끌려다니지 않고 내 삶을 주도적으로 살겠다는 결심은 대단한 전환점이다. 어떤 이들은 그런 결정을 내리지 않았기에 여전히 요람 안에서 아기로 산다.

"주님, 저희에게 기도를 가르쳐 주십시오"라고 요청하는 제자들에게 예수님은 "글쎄, 기도하고 싶은 감정이 생긴다면"이라고 대답하지 않으셨다. 예수님은 "이렇게 기도하라. 하늘에 계신 우리 아버지여"라고 대답하셨다. 당신은 이렇게 말할 것이다. "하지만 주님, '우리 아버지'라고 할 마음이 내키지 않는데요." 예수님은 "천국은 침노를 당하나니 침노하는 자는 빼앗느니라"(마 11:12)고 말씀하셨다. 그리스도인은 자신의 느낌만 이야기하지 않는다. 자신이 느껴야만 하는 것이 무엇인지도 알고 그렇게 기도한다.

스탠리 존스는 어떤 때는 새로운 행동으로 들어가기 위해 감정을 따라야 하지만, 또 다른 때는 새로운 감정을 얻기 위해 행동해야 한다고 말한다. 믿음은 본질적으로 행동이다. 믿음은 실행하고 살아 내는 것이고, 시간이 지나면 특정한 감정이 만들어진다. 이것이 하나님의 질서다. 이것을 거꾸로 하려 들면 당신은 여전히 미성숙하고 불안정한 그리스도인일 것이다.

감정과 인도하심

하나님의 인도하심을 받으려 할 때 감정에 의지하는 이들이 많다. 그리스도인의 삶에서 가장 위대한 약속 한 가지는 이것이다. "무릇 하나님의 영으로 인도함을 받는 사람은 곧 하나님의 아들이라"(롬 8:14). 하나님이 우리 삶을 인도하신다는 것보다 더 귀중한 사실은 없다. 그러나 대다수 사람은 하나님이 직접적인 느낌이나 내적 감정을 사용해서 우리를 인도하신다고 오해한다. 오늘날 하나님의 인도하심을 뜻하는 흔한 표현은 '직통 계시'인데, 이는 내적이고 감정적인 강한 충동을 의미하며 외부 영향과 무관할 수 있다. 일부 기독교인들은 이런 것에 지나치게 매달려서 우체국에서 어느 우표를 사야 할지 알려 달라고 기도하기도 한다. 나는 교내 어떤 행사에 참여해야 할지, 중요한 행사에 데이트 상대를 데려가야 할지 기도한다는 대학생 이야기를 들은 적이 있다.

'무엇을 해야 할지'에 대한 내적 음성이나 감정을 구하는 기도는 일상의 사소한 결정에서 인생의 지극히 중대한 결정까지 아우른다. 실제로 감정이나 인상(impression)을 통해 하나님이 주관적인 내적 음성으로 말씀하기도 하신다는 사실에 오류는 없다. 하나님은 나에게도 그런 식으로 말씀하신 적이 있다. 문제는 하나님의 인도하심의 주요 근거를 감정이나 인상에 두고, 우리를 인도하시는 좀 더 일반적인 방법에 비추어 그 내용을 확인하거나 다른 방법과의 균형을 맞추지 않는다는 것이다.

감정과 인상은 세 가지 출처에서 비롯된다. 하나님, 사탄, 우리 마음의 작용(인격 요인, 기질과 성향, 감정적인 피로와 내적 상처, 손상된 감정 등). 이 세 번째 출처는 성령께서 이용할 수도 있고 사탄이 이용할 수도 있다. 그래서 요한은 경고한다. "사랑하는 자들아 영을 다 믿지 말고 오직 영들이 하나님께 속하였나 분별하라"(요일 4:1).

한 젊은 여성이 시골길을 운전하다가 강한 인상, 압도적인 충동을 느꼈다. 지나쳐 온 사람을 다시 찾아가 복음을 전해야 한다는 것이었다. 그녀는 그 일로 몹시 괴로워하며 내게 조언을 구했다. 나는 그것이 성령의 인도하심이 아니라고 강하게 이야기했다. 그녀 안에 있는 깊은 감정적 요소를 사탄이 이용해서 잘못된 길로 인도하고 있음을 분명히 알 수 있었기 때문이다. 그녀는 내 충고를 듣지 않고 가 버렸다. 이야기를 하자면 긴데, 우스꽝스럽고 위험한 사건들이 많았고 결국 그녀가 한 일이라고는 주님의 이름과 그가 다니던 크리스천 학교 이름에 먹칠을 한 것뿐이다.

사도 요한의 경고는 모든 주관적 신앙 경험은 반드시 검증되고 평가받아야 한다는 뜻이다. "주님이 이렇게 하라고 내게 말씀하셨다"라든가 "주님이 나를 이렇게 인도하셨다"라고 말하기 전에 영을 시험해 보는 것은 우리의 도덕적, 영적 책임이다.

인도하심의 문제에 대해 몇 가지 할 이야기가 있다. 모든 일상적 결정에 하나님의 인도하심이 필요한 것은 아니다. 많은 사람들이 일상적인 일들까지 구체적인 인도하심을 받아야 한다는 근거로 이사야 30장 21절을 인용한다. "네 뒤에서 말소리가 네 귀에 들려 이르기를 이것이 바른길이니 너희는 이리로 가라 할 것이며." 그러나 나머지 절까지 인용하지 않으면 잘못 인용하는 것이며 원래 의미를 오해하게 된다. 그 앞에 있는 구절은 이렇다. "너희가 오른쪽으로 치우치든지 왼쪽으로 치우치든지." 즉 당신이 왼쪽이나 오른쪽으로 치우쳐서 길을 벗어나기 시작했을 때에야 "이것이 바른길이다. 이리로 걸어라"고 말씀하신다는 것이다. 바른길을 가는 동안, 곧 주님께 순종하여 가는 동안에는 인도하는 목소리가 필요 없기 때문에 들리지 않는다는 것이다.

당신이 하나님의 자녀이고, 성령님이 당신 안에 계시며, 당신의 삶을 주님께 의탁했고, 당신을 주관하시도록 그분께 통제권을 드렸다면, 이제 살아가라. 기쁨으로 자유롭게 살라. 당신에게는 자동 항법 장치가 있고 성령님의 인도하심을 받고 있으므로 "내 행동은 옳다"는 확신을 가지고 살라. 일상적인 하루하루의 삶에서 멈춰선 후 어떤 느낌이나 인상이 임하기를 기다린다면 당신 안에 내주하시며 인도하시는 성령님을 불신하는 것이다. 그것은 쓸데없는 일이며 당신과 주위 사람들을 혼란에 빠뜨리는 확실한 길이다.

물론 중대한 결정을 내려야 할 때는 하나님의 더 특별한 말씀이 필요한데 이 경우의 인도하심이란 일관성 있게 누적된 것임을 기억하라. 하나님은 우리를 아래와 같은 도구를 통해 인도하신다.

- 하나님의 말씀
- 외부 환경(열린 문, 혹은 닫힌 문)
- 당신의 가장 합리적인 판단
- 다른 그리스도인의 조언
- 당신 감정의 내적 음성

이것은 하나님이 우리를 인도하시는 최고의 불빛 다섯 가지다. 훌륭한 선장은 해협의 불빛 하나만 의지해서 항해하지 않는다. 그렇게 하면 암초에 부딪히거나 모래톱에 걸리고 만다. 두 개, 혹은 세 개의 불빛으로도 충분하지 않다. 훈련된 항해사는 모든 불빛을 확인해서 자신이 바른 항로에 위치하고 있음을 보면서 무사히 목적지에 도착한다.

나는 계기비행 자격증을 따기 위해 길고 어려운 훈련 과정을 막 끝낸 선교사와 이야기를 나눈 적이 있다. 그가 어떤 이야기를 들려주었을 때, 내게 깨달음이 왔다. 그는 이렇게 이야기했다. "아시다시피 계기비행은 시각비행과 너무 다릅니다. 자신이 인지한 것만 의지해서 비행하면 안 됩니다. 어떤 때는 자신의 느낌과 정반대로도 가야 합니다. 오직 계기판에만 집중해야 합니다. 가끔은 계기판이 알려 주는 것과 반대 방향으로 가는 것처럼 느껴지기도 하지만 느낌에 의지해서 비행하면 안 됩니다."

마찬가지로 그리스도인의 영적 비행도 느낌만으로 할 수는 없다. 계기판에 집중해야 한다. 즉 하나님의 말씀, 그리스도의 본, 성숙한 그리스도인 친구의 조언, 자신의 이성적 판단, 외부 환경의 변화, 그리고 내적 감정을 다 고려하라. 가능한 한 이 모두의 균형을 맞추라. 느낌과 인상에 과도하게 의지하여 하나님의 인도하심을 찾지 말라.

감정과 선행

어떤 사람들은 선을 행하는 동기를 감정에서 찾는다. 존 웨슬리는 "선을 행하려고 좋은 느낌이 오기를 기다리는 죄"를 설교로 질책했다. 우리는 "마음이 내키지 않아"라고 말할 때가 얼마나 많은가. "그러므로 사람이 선을 행할 줄 알고도 행하지 아니하면 죄니라"(약 4:17). 야고보는 "선을 행할 줄 알고, 또 선을 행하고 싶다는 느낌도 있고"라고 이야기하지 않는다. 우리는 "하고 싶어서 했어"라든가 "하고 싶지 않아서 안 했어"라고 말하며 너무나 자주 어린아이처럼 감정을 동기의 근거로 삼는다. 그러나 오늘날 우리가 사는 세상에서는 '예수 그리스도'가 절박한 상황에 처해 있음을 언제나 보거나 들을 수 있고, 가난하고 헐벗고 옥에 갇힌 '예수 그리스도'를 늘 볼 수 있기 때문에, 그리스도인으로서 봉사하고 선을 행하기 위해 굳이 특별한 내적 충동을 느낄 필요가 없다.

바울은 선행으로 구원을 얻은 것이 아니라고 에베소 교인들에게 이야기한다. 이 부분은 우리가 인용하기 좋아하는 구절이지만 좀 더 읽어 내려가면 바울은 우리가 선행을 위해 구원을 받았다고 이야기한다(엡 2:8-10). 자신의 영적 체온과 감정의 맥박을 재면서 어떤 내적 느낌이 자신을 하나님을 섬기는 흐름 속으로 밀어 넣어 주기만 기다리는 자기중심적이고도 불행한 그리스도인들이 이제 기다리는 대신 행동한다면, 문제를 해결하고 성숙해지는 데 큰 진전이 있을 것이다.

하고 싶다는 느낌이 들어야 선을 행할 수 있다고 말하는 것은 죄다. 지금 필요한 일이라고 당신이 알고 있는 선한 일과 봉사는 당장 시작할 수 있다.

10.
자기 포기에 관한 착각

"나에 대한 주도권을 하나님께 드리면 내가 없어져."

자아(self)라는 단어는 성경에서 어떤 의미로 쓰이는가? 자기 포기(self-surrender), 자아를 십자가에 못 박음, 자아의 죽음, '자아는 십자가에 못 박고 그리스도는 보좌에 앉으심'을 우리는 어떻게 이해하고 있는가? 이런 표현들을 우리는 흔히 사용한다. 이 개념들을 바르게 이해하는 것이 그리스도인의 삶에서 중요하다. 만약 이 개념이 흐릿하거나 혼란스럽다면, 그리고 우리 마음이 미성숙하거나 불완전한 생각으로 가득하다면, 잘못된 생각과 잘못된 감정과 잘못된 삶이 반드시 뒤따르게 된다.

다그 함마르셸드(Dag Hammarskjold)는 유엔 역사상 가장 유명한 사무총장일 것이다. 그가 탄 비행기가 아프리카에 떨어진 사건은 미스터리였고 얼마 동안은 암살당했다고 생각되기도 했다. 비행기가 추락한 때는 맑은 밤이었고 그곳은 들판이었다. 조종사가 가지고 있던 지도가 비행기 잔해에서 발견되기 전에는 누구도 원인을 알 수 없었다. 조종사는 자이르의 도시 돌로(Ndolo) 지도를 들고 있었다. 그러나 비행기는 원래 잠비아의 돌라(Ndola)로 갈 계획이었다. 조종사는 활주로에서 300미터를 더 가야 한다고 생각하다가 추락한 것이다. 글자 하나가 죽음과 삶을 갈랐다. 자아와 자기 포기에 관해 잘못된 영적 지도를 가지고 있다면 신앙생활은 절망과 환멸로 끝날 것이다. 그리스도가 당신에게 무엇을 요구하시는지 성숙하게 이해하려면 이보다 중요한 개념은 없다.

자아와 자기 포기에 관한 거짓되고 해로운 개념 몇 가지를 살펴보고, 우리가 왜 그것을 버려야 하는지 알아보자.

자기 소멸(Self-Extinction)

나는 열정적인 젊은 그리스도인이었을 때 갈라디아서 2장 20절(KJV) "내가 그리스도와 함께 십자가에 못 박혔으나"를 사랑했다. 너무나 좋아했다. "그러나 내가 사는 것이 아니요 그리스도께서 내 안에 사시는 것이라"라는 말씀 또한 사랑했다. 그러나 그 사이에 있는 "그럼에도 나는 살아 있노라"라는 구절은 좋아하지 않았다. 선교사로 인도에 가기 전까지는 이 구절을 영적으로 충분히 생각해 본 적이 없었다가 이 짧은 성구가 깊은 영감에서 비롯되었음을 비로소 알았다. 동양의 종교들은 자아를 없앰으로써 이 문제를 풀려 한다. 불교는 "자아의 촛불을 꺼라: 열반"을 이야기하고, 힌두교는 좀 더 점잖게 자기 소멸이 아니라 신으로의 자기 흡수라고 표현한다. 빗방울이 바다로 돌아가듯, 인격적이고 개별적인 자아가 신과 연합해서 자신만의 정체성을 잃는다.

바울은 "내가 그리스도와 함께 십자가에 못 박혔다. 그러나 나는 그대로 살아 있으며 없어지거나 흡수되거나 녹은 것이 아니다. 나는 사라지지 않았다"라고 말한다. 구원의 절정은 하늘에 이르러 영원토록 하나님과 나누는 교제를 즐거워하는 것이라 할 수 있다. 기독교 신앙에서 당신과 나의 자아 됨은 거기에 이르러 소멸되는 것이 결코 아니다. 하나님 그분이 당신에게 주신 자아(에고, ego)는 영원히 당신 마음에 심겨 있으며, 자아 됨은 영원하고 멸망되지 않으며 파괴될 수 없다. 하나님은 그것을 없애고 싶어 하지 않으신다. 하나님은 자아와 교제하실 수 있으며 하늘에서 새롭게 하신다. 그리고 그것을 지옥에 두실 수도 있다. 그러나 그것은 그대로 존재한다. 성 베르나르가 이 본질적 자아 됨에 대해 "그것은 지옥에서도 타지 않는다"라고 말한 것은 옳다.

자기 포기에 대해 오류나 혼란에 빠지지 않도록 주의하라.

"하나님, 제 자아를 가져가 주세요. 하나님, 저는 제 자신에 대해 하나도 생각하고 싶지 않아요." 이런 기도는 결코 기독교적이지 않으며 오히려 삶은 더 엉망이 될 것이다. 특히 반항적이고도 혼란스러운 시간을 지나는 젊은이들에게 이는 중요한 교훈이다. 청년기란 팔과 다리만 있어서 제풀에 넘어지기 쉬운 나이다. 마치 어느 다리를 먼저 내딛어야 할지 고민하다가 쓰러져 버리는 지네 같기도 하다. 이들은 자의식에 사로잡혀 있고, 절망 가운데서 자기 존재에 대한 강렬한 자의식을 제거해 줄 영성과 성화를 간절히 원하고 있다.

십 대들에게 말하고 싶다. 하나님이 그런 기도에 응답하신다면 큰일이다. 그러면 혼수상태에 빠지게 될 것이고 구급차를 불러야 할 것이다. 아무리 높은 영성에 이른다 해도 인간이 받은 자의식이라는 선물은 잃지 않아야 한다.

자기 비하(Self-Disparagement)

자기 부인을 자기 비하로 착각하는 그리스도인들도 있다. 신앙생활에서 자기 사랑의 올바른 자리가 어디인지를 이해하지 못해서 그런 것이다. 이들은 자기 사랑을 죄의 본질로 여기고 거부한다. 자아가 고립되어 있고 본질적으로 악하다고 본다면 위험하다.

예수님은 마음을 다하여 하나님을 사랑하고, 자신을 사랑하듯 이웃을 사랑하라고 가르치셨다. 하나님을 사랑하고 이웃을 사랑할 때처럼 자기를 사랑하기 위해서도 성숙과 온전함과 거룩함이 꼭 필요하다. 하나님 사랑과 이웃 사랑에는 자존감과 진실함과 존중함으로 자신의 자아 됨을 붙드는 자기 용납과 자기 사랑이 필요하다.

에베소서는 위대한 결혼 장에서 남편이 아내를 사랑할 때 그 기준은 자신을 사랑하는 것(엡 5:28-29)이라고 말한다. 존 웨슬리는 이 장에 주석을 달면서 "자기 사랑은 죄가 아니며, 부인할 수 없는 의무다"라고 썼다. 이기주의는 죄이며 자기중심성도 마찬가지다. 이것은 사랑이 왜곡되고 곡해된 모습이기 때문이다. 자아를 십자가에 못 박음, 자기 부인, 자기 포기가 자기 비하 혹은 자기 멸시라고 생각하는 함정에 빠지지 말라. '자기를 돌보지 않음'(selflessness)이라는 말도 오도하는 것이다.

교만과 자기중심성의 반대는 자기 비하나 자기 멸시가 아니라 하나님 중심이다. "내가 살아 있지만, 내가 사는 것이 아니다." 바로 이것이다. 자아는 여전히 살아 있지만 자기중심적이거나 자아로 가득한 에고가 아니다. 그것은 그리스도로 충만하고 그리스도가 중심인 자아이다. 자기 비하나 자기 멸시를 신앙생활의 목표로 삼지 말라.

성 아우구스티누스는 놀라운 말을 많이 했지만 엄청난 실수도 했다. 육체와 성(性)과 자아에 대한 그의 극단적 생각에서 우리가 벗어나기까지 수 세기가 걸렸다. 《하나님의 도성》(*The City of*

God)에 그의 실수가 있다. "세상의 도성과 하나님의 도성의 차이점은 이것이다. 전자의 특징은 하나님을 멸시함으로 자기를 사랑한다는 것이고, 후자의 특징은 자기를 멸시함으로 하나님을 사랑한다는 것이다." 이것은 매우 잘못되었고 비성경적이지만 오늘날 많은 사람들이 이런 식으로 살아가고 있다. 그들은 하나님을 기쁘게 한다고 생각한다. 가짜 거룩함을 겉에 두른 채 거룩하고 성화된 삶을 살고 있다고 생각한다. 그러나 실제로는 죄책감에 억눌린 신앙, 기쁨 없는 자기 부정, 그리고 매력 없는 선함을 낳고 있을 뿐이다. 자기 멸시는 우리를 자기중심성과 교만에서 구해 내는 대신 종교적인 자기중심성과 교만 속으로 이끈다.

끔찍한 천재 스크루테이프는 웜우드에게 보낸 유명한 편지에서 이에 대해 교묘한 조언을 한다. 웜우드는 첫 임무를 맡았고 자신의 시험 대상이 된 젊은 기독교인을 가리켜 환자라고 부른다. 스크루테이프는 웜우드에게 이렇게 썼다. "너는 반드시 그 환자에게 겸손의 진정한 목적을 비밀로 해야 한다. 그가 겸손을 자기 망각이 아니라 자신의 재능과 성품을 낮게 평가하는 일종의 의견으로 여기게 해라"(The Screwtape Letters, C. S. Lewis, Macmillan, p. 72).

웜우드가 온갖 방법으로 유혹해서 젊은 기독교인을 시험했으나 넘어지지 않았다고 하자 스크루테이프는 이렇게 써 보냈다. "네 환자가 겸손해졌군. 네가 그 사실을 그에게 일러 주었니?"

자기 멸시로는 하나님을 기쁘시게 할 수 없고 그것은 교만의 문제에 대한 해답도 아니다. 오히려 자기 멸시는 문제를 악화시킨다. 심리학자 카렌 호니(Karen Horney)는 "자기 중오는 교만의 단짝이다. 한쪽이 없으면 다른 한쪽도 불가능하다"라고 말했다. 자기 고발은 종종 뒤틀린 선행, 즉 하나님을 기쁘시게 한다고 생각하며 의무적으로 행하는 내적 속죄 행위로 나타난다. 그것은 자기 비하와 죄책감을 자랑으로 여기는 거룩한 엘리트 클럽 멤버의 배지다. 그래서 놀라운 일이 벌어진다. 자기 정죄가 오히려 '선한 양심'의 기초가 되는 것이다.

죄책감 없이 어떻게 살아야 할지 모르겠다는 사람들이 있다. 그런 사람은 영적 근심으로 산산이 부서질 것이다. 그 죄책감은 '선한 양심'의 기초가 되고, 반대로 선한 양심은 죄책감을 불러일으킨다. 만화 한 토막이 생각난다. 두 죄수가 세 번째 죄수를 두고 이야기하는 장면이다. 첫 번째 죄수가 두 번째 죄수에게 이야기했다. "내가 못 참겠는 건 말이야. 저 녀석이 남보다 죄책감을 더 많이 느끼는 척하는 거야."

"네 이웃을 네 자신과 같이 사랑하라"고 예수님은 말씀하셨다. 자기 비하가 아니라 자기 사랑이 관계의 기초가 된다는 뜻이다. 자기 비하는 관계에서 굴종과 굴복으로 나타날 수 있다. 그것은 옳고 그름이라는 어렵고 현실적인 문제를 회피하려는 수단일 수 있다. 더욱이 그리스도인에게 자기 비하는 영적, 정신적으로 협박하고 고문하는 기막힌 도구가 된다. 누군가 "당신은 당신 생각만 하잖아"라는 말 한마디로 당신에게 죄책감을 느끼게 할 수 있다면,

그는 당신을 자기 뜻대로 조종할 수 있다.

그리스도인의 삶의 중심은 사랑이다. 마음과 뜻을 다하여 하나님을 사랑하고 당신 자신을 사랑하듯 다른 이들을 사랑하라는 것이다. "네 대신 네 이웃을 사랑하라"로 해석하지 말라. 예수님은 "네 자신을 사랑하듯 네 이웃을 사랑하라"고 말씀하셨다. 이것은 자아의 상실이 아니라 사랑과 능력으로 충만한 자아를 요구한다.

자기실현(Self-Actualization)

긍정 심리학(OKness psychology)의 팽창과 더불어 최근에 나타난, 자아에 대한 또 다른 그릇된 반응은 '자기실현'이다. 그것은 "네 자신을 인정하고, 네 자신을 표현하라"고 말한다. 이 심리학에는 자기 포기란 없고 오직 자기 계발만 있을 뿐이다. 이 해결법이 나온 한 가지 이유는 아마도 그리스도인들이 자기 비하의 극단에 이르렀기 때문일 것이다. 이 심리학에는 진실이 있고 유익한 점도 있지만 자아 문제에 대한 성경적인 해답은 아니다.

루터교 상담사인 앨런 로이터(Alan Reuter)는 *Who Says I'm OK?*(누가 자기는 괜찮다고 말하는가?)라는 재미있는 책을 썼다. 로이터는 이 긍정 심리학에 칭송을 보내면서도 그 부당성을 밝혀내고, 그것이 하나님이 원하시는 진정한 자아를 회피하는 또 다른 구실로서 어떻게 거짓 우상이 될 수 있는지를 보여 준다. 이것은 소리 없이 접근해서 자아를 당신 삶의 중심에 두게 만든다. 자아는 하나님에게서 독립되어 있고 하나님은 필요하지 않다고 선언하게 만드는 무서운 병을 부른다. 그것은 하나님이 아니라 자아에 기초하는 인격을 조장한다. 종교적인 방식이든 이교도의 방식이든, 이러한 거짓 자아 숭배는 자아 문제에 답을 주지 못한다. 이것은 우리를 유치한 자기중심성에 고정시키며 그리스도 안에서 이루어질 진정한 성숙을 방해한다.

자기 포기(Self-Surrender)

자아와 자기 포기를 거짓되고 미숙한 개념으로 이해하면 자기만족적이고 자기 의로 충만하며 고집 센 사람이 되어 자신의 영광을 추구하게 된다. 한마디로, 근본적으로 자기 포기가 없는 존재가 된다. 많은 그리스도인이 생활 전반에서 하나님의 하나님 되심을 인정하지만 내적인 자아는 예외로 둔다. 이는 너무 교묘해서 성령님만이 밝히실 수 있다. 그런 사람은 하나님을 위해 일하고 기도하고 전도하려는 의욕이 있다. 그는 천사의 방언으로 전도하고, 믿음으로 산을 옮기며, 가난한 자에게 모든 것을 나누어 주고, 순교하듯 몸을 불사르게 내어 주기도 한다.

그러나 포기되지 않은 자아는 권좌를 쉽게 포기하지 않을 것이다. 그것은 희생적 봉사에서 절정을 이룬다. 몇 천 킬로미터를 이동하고 바다도 건너는 선교사들을 본 적이 있다. 그러나 그들도 자기 포기에 필요한 마지막 단계는 밟지 못했다. 그 마지막 단계는 바로 예수 그리스도의 십자가다. 바울이 말한 것처럼, 그리스도가 죽으셨을 때 우리는 그리스도의 죽음과 연합되었고, 우리의 옛 자아는 그분과 함께 십자가에 못 박혔다(롬 6:5-6). 이 문제는 다음 장에서 더 자세히 살펴볼 것이다.

자신을 하나님께 굴복시킬 때에만, 하나님을 삶의 중심에 모실 때에만, 하나님의 권위 아래 자신을 바칠 때에만, 하나님의 사랑으로 충만해지고 온 존재로 하나님을 사랑할 수 있다. 그래야만 진정한 자존감과 타인을 사랑할 수 있는 자기 사랑을 갖게 된다. 이 순서를 뒤집을 수는 없다. 이 순서대로 할 때, 진정한 자아가 계발되고 용납되며 실현되고 완성되어 최대한의 잠재력을 발휘할 수 있다. 하나님을 진정 하나님으로 모실 때 나도 진정한 내가 될 수 있다. 하나님이 중심이 되실 때 내 자아가 그 중심에 위치하고 그럼으로써 나는 내 모습 그대로 나를 좋아할 수 있다.

나는 철학자나 심리학자들이 기독교의 자기 포기는 자아를 파괴하고, 남성성이나 여성성을 억누르며, 자기 발전을 막고, 최선을 다하지 못하게 한다고 말할 때면 웃음이 난다. 예수 그리스도의 발 앞에 더 낮게 엎드릴수록 내 고유한 자아는 더 크게 일어선다. 그리스도의 종이 됨으로써 그분께 묶일 때 나는 자유로워지고 비로소 진정한 나를 알게 되어 나를 좋아하게 된다. 내 자아는 나 아닌 다른 이가 되려는 시도를 멈추게 된다. 결과적으로 당신과 나는 진정 되어야 할 존재가 될 수 있다.

바울은 "내가 살아 있지만, 내가 사는 것이 아니다"라고 말했다. 나는 파괴되지 않는다. 나는 소멸되지 않는다. 나는 살아 있다. 그렇다. 여전히 살아 있다. 그리스도께서 내 안에 살고 계시고, 내 삶은 내 안에서 나를 통해 사시는 그리스도의 삶이다.

많은 그리스도인이 '자기 포기'가 자신을 파괴할 것이라고 느낀다. 왜 그렇게 느끼는 것일까? 그리스도를 위한 완전한 포기에서 오는 큰 기쁨과 삶의 완성을 누리지 못하게 만들고 주저함과 두려움을 가져다주는 것은 무엇일까? 그것은 자기 포기에 대한 거짓되고 미성숙하며 비기독교적인 관념 때문이다.

나는 '무조건적인 포기'라는 제목으로 설교를 한 적이 있다. 그때 성령께서 에드라는 청년의 마음을 붙드셨다. 그 주에 에드가 상담실로 나를 찾아왔다. "목사님, 제가 해야 할 일이 바로 그것인데, 저는 두렵습니다." 그는 탁월한 재능을 가진 체조선수였다. 나는 그가 사용한 비유를 잊을 수 없다. 그는 이렇게 말했다. "제 자신을 포기해야 하고 그러기를 원하지만 두렵습니다. 제 느낌은 이런 겁니다. 마치 체육관에서 철봉을 잡고 운동하려는 순간, 누군가 갑자기 그 철봉을 천장 가까이까지 올려 버립니다. 저는 아주 높은 곳에 매달려 목숨을 걸고 간신히 버티고 있습니다. 그런데 성령님께서 말씀하십니다. '에드, 그냥 놓아라. 포기해. 그냥 놔 버려.' 그런데 저는 너무 높이 있어서 아래에는 구름만 보입니다. 어디에 착지해야 할지 보이지가 않습니다." 에드는 나를 똑바로 쳐다보며 말했다. "제가 하나님께 구한 것은 어디에 착지해야 할지 보여 달라는 것이었습니다."

"에드, 바로 그게 핵심이야. 진정한 자기 포기는 자기 자신에 대한 권리를 포기하는 거야. 어디에 착지해야 할지 물어볼 권리도 포기한다는 것이지. 하지만 에드, 걱정할 필요 없네. 자네는 사랑의 품 안에 착지하게 될 거야."

그러나 에드는 두려워하고 주저했다. 우리는 자주 만나고 기도했지만, 그는 포기하지 못했다. 에드는 졸업했고 우리는 여러 해 동안 만나지 못했다. 그러던 어느 가을, 동창회에 참석하기 위해 에드가 윌모어로 돌아왔다. 주일예배를 드리는 예배당이 손님으로 가득 찼다. 예배 후 나는 졸업생들이 옛 목사인 나에게 인사하려고 줄 서 있는 교회 뒤편으로 갔다. 졸업생들이 빠르게 스쳐 지나갈 때 나는 에드를 알아보았다. 그의 얼굴은 밝았다. 에드는 내게 반갑게 악수를 청하며 말했다. "목사님, 한 가지 말씀드릴 게 있어요. 포기했습니다. 저를 포기했어요." 결국 그는 두려워할 필요가 없음을 깨달은 것이다. 완전한 사랑의 품에 착지할 것을 믿고 자신을 포기한 것이다.

> 하나님, 우리 마음을 두려운 생각들로 채우려는 스크루테이프의 간교함을 거부합니다. 주님께 자아에 대한 주도권을 드리면 우리는 파괴되고 상처 입을 것이라고 그들은 말합니다. 하나님, 우리와 씨름하고 있는 모든 악의 권세들을 물리치시고, 그리스도가 중심에 계시는 자아로서 기쁨을 누리도록 도

우소서. 우리의 간절한 기도에 응답해 주소서. 예수님의 이름으로 기도합니다. 아멘.

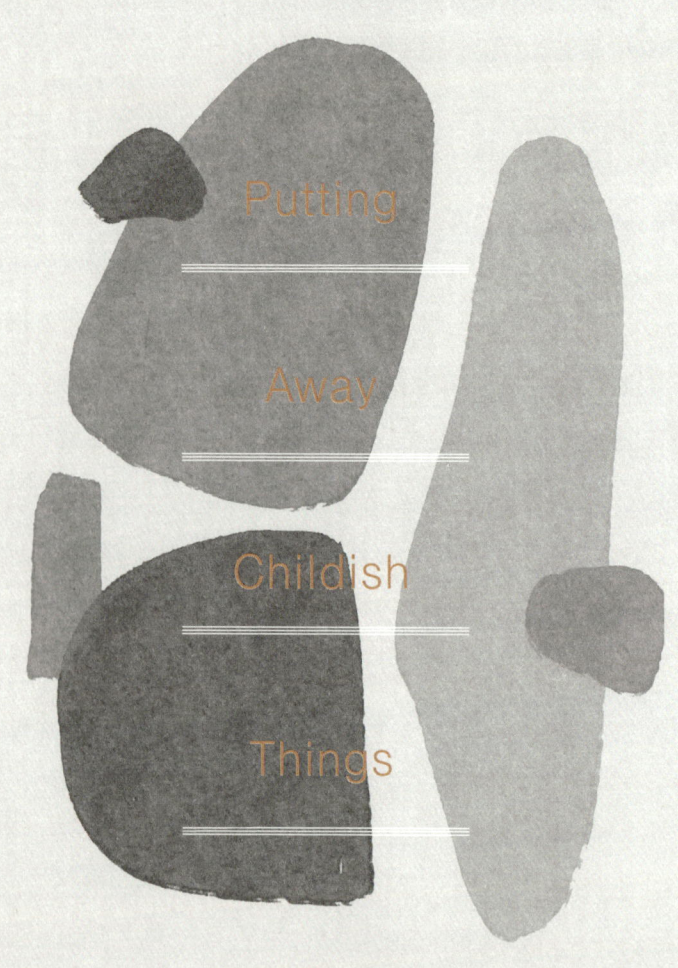

Putting
Away
Childish
Things

3부

자신, 타인, 하나님과의 관계에서 성숙한 어른이 되다

11.
자기중심성을
십자가에 못 박다

'궁극적'(ultimate)이라는 말은 이보다 더 중요하거나 결정적인 것은 없다는 뜻이다. '자기 포기'는 인간의 삶에서 궁극적인 고비다.

궁극적인 영적 전투

자기 포기는 궁극적인 영적 전투를 뜻하기 때문에 삶의 궁극적 고비다. 다른 모든 신앙 경험은 자기 포기를 위한 전초전, 곧 하나님과 인간의 위대한 만남을 위해 길을 닦는, 예비하시고 구원하시는 은혜 안에서 이루어지는 성령의 사역이다.

자기 포기는 우리의 태생적 성품 안에서, 온갖 영향력이 있는 가정 안에서, 죄를 자백하면서, 죄책감과 씨름하는 고통 속에서, 이런저런 죄를 끊어 내고 더 나아진 모습으로 하나님께 인정받으려는 피나는 노력 속에서, 때로는 종교적 규율을 실천하는 것에서 시작된다. 이 과정에서 우리는 하나님의 은혜에 완전히 의지해야 함을 깨닫는다. 그리고 하나님 앞에 나아가기 전에 도덕적으로 정결하고자 애쓸 필요가 없고, 있는 모습 그대로 하나님 앞에 나아갈 때 하나님의 완전하고 값없는 절대적인 용서를 받을 수 있으며 거듭남과 새로운 피조물이 되는 기쁨을 체험할 수 있음을 알게 된다.

그 후에는 은혜 안에서 성장이 시작된다. 우리는 성령으로 시작했다가 율법으로 돌아가기도 하면서 갈등한다. 하나님을 기쁘시게 하려고 또는 하나님이 원하시는 존재가 되려고 필사적으로 노력하기도 하고 거룩한 율법을 지키면 거룩해진다고 오해하기도 한다. 그러나 그 모든 과정마다 성령께서는 우리가 지금까지 이야기해 왔던 감정적인 콤플렉스를 다루시며, 우리가 어린아이 같은 모습을 버리고 점점 더 성장하고 성숙하도록 도우신다.

이 모든 중요한 단계들은 성장통과 같은데 하나님은 사랑하는 자녀인 우리를 이끄셔서 우리의 궁극적 싸움이 무엇인지 볼 수 있도록 인도하신다. 다정하게, 무자비하게, 끈질기게, 구애하듯이,

그러나 진실로 확고하게 우리를 인도하셨던 궁극적인 싸움에 비하면 지금까지의 모든 것은 참으로 사소한 충돌에 불과했다. 결국 진짜 문제는 자아를 예수 그리스도의 주권 앞에 내놓는 것임을 깨닫는 지점까지 성령께서 우리를 이끄신다. 성령의 인도하심은 때로는 부드럽고 때로는 거칠지만, 모두 사랑에 의한 것이고, 그 인도하심을 따르다 보면 우리는 어느덧 어디선가 본 듯한 곳에 도착해 있다. 성령님이 우리를 갈보리 해골 언덕까지 인도하신 것이다. 내 자아의 자기중심성을 못 박아야 할 십자가가 그곳에 있다. 이것은 모든 인생에게 가장 큰 전투다.

예수님은 모든 것을 버리지 않으면 그분의 제자가 될 수 없다고 확실하게 말씀하셨다. "누구든지 자기 십자가를 지고 나를 따르지 않는 자도 능히 내 제자가 되지 못하리라"(눅 14:27). 여기서 주목해야 할 구절은 "나를 따르라"(Come after Me)다. 이것은 예수님의 첫 부르심인 "내게로 오라"(Come unto Me)보다 훨씬 깊은 헌신과 자기 포기에의 부르심이라고 나는 믿는다.

"내게로 오라"(Come unto Me)는 첫 단계다. 제자들이 나아오자 예수님은 그들에게 더 어려운 요구를 하신다. 어떤 지도자들은 추종자들에게 이렇게 말한다. "당신들에게 부탁할 게 있는데…." 예수님은 그렇게 하지 않으셨다. 제자는 대가를 지불해야 한다고 하신다. 더 엄중히 명령하시며, 대가를 요구하시고, 추종자들을 고르시고 거르신다. 예수님은 많은 제자가 있는 것이 싫어서 소수만 택하시는 듯하다. 제자와 들러리가 구별된다.

자기 폭로의 과정으로 이끄시는 성령이 계시기에 우리는 실제 문제가 무엇인지를 볼 수 있다. 우리의 근본적 죄는 밖으로 드러나는 일상적 죄보다 훨씬 더 깊이, 그리고 그 자체로는 죄가 아니지만 우리를 특정 죄에 빠지게 만드는 연약함이나 콤플렉스보다 더 깊이 자리하고 있다. 진짜 죄는 자아를 포기하지 않는 것이다. 이 죄가 뿌리이며 다른 죄들은 그 열매다.

이것은 너무 교묘하고 은밀해서 육안으로는 알아볼 수 없다. 오직 성령만이, 이 과정을 통해서, 그리고 가장 깊은 곳까지 찌르는 날카로운 양날 검인 하나님 말씀을 통해서, 우리를 궁극적인 전투가 일어나는 자리, 곧 자기중심성을 십자가에 못 박는 자리로 이끌어 가신다.

"내가 그리스도와 함께 십자가에 못 박혔으나 그럼에도 나는 살아 있노라. 그러나 내가 사는 것이 아니요 그리스도께서 내 안에 사시는 것이라"(갈 2:20상, KJV). 갈라디아서 2장 20절은 신약성경에서 자기 포기를 말하는 대표적인 구절이다. 그런데 이상하게도 신약성경에서 가장 '자아'로 가득한 구절이기도 하다. 이 작은 간증 안에 인칭대명사 8개가 있다. '나'(I)가 다섯 번, '나를'(me)이 세 번 나온다(KJV 경우 ― 편집자). 이 구절은 자아로 가득 차 있으며 자기중심적이다. 혼란스러운가? 모순 같은가? 아니다. 이것은 기독교 신앙생활의 핵심에 있는 크나큰 역설이다. 우리가 진정으로 성숙하기 원한다면 꼭 이해해야 할 사실이다.

우리는 자아(ego)의 세 측면을 구별해야 한다. 문제는 이 세 측면 모두 인칭 대명사 '나'(I)로 표현된다는 것이다.

"내가 그리스도와 함께 십자가에 못 박혔으니." 이것이 자아의 한 측면이다. 이 자아는 십자가 위에서 죽어야 한다.

"그럼에도 나는 살아 있노라." 이것은 확실히 자아의 또 다른 측면이다. 자기를 십자가에 못 박은 후에도 살아남은 자아, 즉 파괴할 수 없는 영원한 자아이다. 그리스도께서는 자아를 못 박고 파괴하는 것만이 아니라, 그것을 자유롭게 하고 가장 완전하고 높은 것으로 발전시키는 데에 관심이 있다. 이 파괴될 수 없고 사라지지 않는 자아는 천국에서도 지옥에서도, 또 지금부터 수억 년이 지나도 살아 있을 것이며 하나님도 그것을 파괴하실 수 없다. 하나님은 우리와 영원히 교제하기 위해 그렇게 하신다.

바울은 말한다. "그러나 내가 사는 것이 아니요 그리스도께서 내 안에 사시는 것이라." 이것이 해답이다. 이것이 자아의 세 번째 측면, 바로 그리스도로 충만하고, 그리스도가 통치하고, 그리스도가 중심 되는 자아다.

자아의 첫 번째 측면은 타락하고 병들고 왜곡되고 뒤틀린 것이다. 이 자아는 항상 자기중심적이고 자기 뜻을 내세운다. 이것은 내 참된 자아가 하나님이 계획하신 존재가 되는 것, 가장 높은 경지에 이르는 것을 막는다. 자기중심적이며 자기만족적인 이 자아는 죽어야 한다. 그러나 자아를 십자가에 못 박음은 궁극적이고 최종적인 전투이기 때문에 모든 사람이 끝까지 저항하고자 한다.

회심에서 자기 포기로 가는 길은 많은 시간이 걸리는 여행일 것이다. 거룩함과 성화에 관한 논의에서 하기 쉬운 실수는, 심리적·정서적으로 불가능한 것을 사람들에게 요구하는 것이다. 즉 회심에서 너무 빨리 자기 포기로 옮겨 가라고 요구한다. 그러나 하나님은 우리가 완전한 절망에 이르기까지 여러 단계를 거치게 하셔야만 하는 듯 보인다. 그리고 오직 하나님만이 우리를 위해 그 일을 하실 수 있다. 어떤 설교자도, 감정을 조작하는 일로도 그렇게 할 수는 없다. 또한 새 신자에게 영적 압박을 가해서 "네, 다 됐습니다"라고 말하게 만들고 싶은 유혹을 받기도 한다. 그러나 이것은 그들을 영적 위선자로 만들 뿐이다. 어떤 이들은 너무 큰 상처가 있어서 자아를 내려놓기 전에 우선 치유부터 받아야 한다. 모든 사람이 당장 자아를 내려놓으라는 설교를 들을 준비가 된 상태는 아니다. 그들이 궁극적인 고비를 잘 감당할 수 있도록 성령의 손에 맡겨 드려야 한다.

나는 '거기서 여기까지' 오는 데 4년이 걸렸다. 나는 성령님이 더 깊이 끌고 들어가신 영적 전쟁터에서 많은 집착, 많은 관계, 많은 야망을 포기했다. 많은 고통과 상처 입은 감정을 치유받았다. 설교자의 소명과 선교지로 부르심에 응답했다. 그러나 오스왈드 챔버스의 책《주님은 나의 최고봉》(*My Utmost for His Highest*)을 읽으면서 성령님의 은혜로운 역사로 내 눈이 열리기까지, 나는 여전히 나 자신을 붙잡고 있었다. 어느 외로운 여름날, 애즈베리대학교 학생이었던 나는 그것을 보았으나 3주가 지나기까지 그것이 무엇인지 깨닫지 못했다. 그러니까 나에게 이렇게 말하지 말라. "그 일이 일어났다면 대번에 알았어야지." 그렇지 않았다. 어느 슬픈 7월의 밤, 나는 모리슨 기숙사에서 전에 본 적 없던 나 자신을 보았다. 내 안의 혐오스러움, 기만, 반항심을 보았다.

회심하기 전에 나는 하나님의 율법을 어긴 죄인으로서 죄책감을 느꼈다. 그러나 지금은 또 다른 죄책감을 느낀다. 하나님의 율법을 어겼다는 것이 아니라, 하나님 나라에 반역하는 죄를 저지른 느낌이다. 내 안에는 하나님의 주권 자체에 의문을 제기하며 굴복하지 않는 존재가 있었다. 챔버스의 말이 내 마음을 계속 두드렸다. "완전한 포기란 자기 자신에 대한 권리를 내려놓는 것이다." 놀라운 것은 J. B. 필립스(J. B. Phillips)가 신약성경을 번역하면서 마가복음 8장 34절을 "누구든지 내 발자국을 따라오려면 자신을 완전히 포기하고 자기 십자가를 지고 나를 따라야 한다"라고 번역하기 25년 전에 오스왈드 챔버스가 그런 말을 했다는 것이다.

포기는 궁극적인 싸움이기 때문에 궁극적인 고비다. 이를 이해하는 데 도움이 될 비유가 있다. 당신의 마음을 방이 많은 집이라고 생각해 보자. 자기 포기란 그 방 하나하나, 인격의 각 방을 그리스도께 내드리는 것이다. 특히 통제의 방, 보좌의 방, 주도권의 방을 내드려야 한다. 또는 하나님의 뜻에 복종시켜야 할 삶의 여러 면을 생각해 보라. 당신의 계획, 야망, 성생활, 로맨스, 결혼, 여가생활, 그리고 직업 선택 같은 것 말이다.

당신은 자신에 대해 어떤 이미지를 갖고 있는가? 그리고 다른 사람들이 당신에 대해, 당신의 명성과 일과 영적 평판에 대해 어떻게 평가한다고 생각하는가? 나는 그것들이 내 싸움의 핵심이었다고 믿는다. 나는 "영적인 사람"이라는 평가를 기대했다. 세상적인 것들에 별 관심이 없었기 때문에 세상적인 것을 포기하기는 어렵지 않았다. 그러나 영적인 사람이라고 인정받기를 바랐으므로 그 마음을 포기하기는 어려웠다. 나는 내 영적 평판을 가져다가 그리스도 앞에 내려놓아야 했다.

예수님의 성육신(kenosis), 자기 비움(self-emptying), 자기 포기(self-surrender)의 첫 단계는 무엇이었는가? 그분은 "근본 하나님의 본체시나 하나님과 동등됨을 취할 것으로 여기지 아니"하셨다(빌 2:6). 그분은 자신을 비우셨다. 그것이 첫 단계였다. 영적 평판을 그리스도께 맡겨 본 적이 있는가? 타인이 당신을 영적인 사람이라고 인정해 주기 원하면 그 사람에게 매여 살게 된다. 이것은 우리의 신앙생활을 신경증과 자기 비난, 노예 상태로 이끌어 간다.

어떤 이들은 빈 종이에 자신이 원하는 것들의 목록을 써서 "주님, 이것을 주십시오. 저것도 주십시오"라고 말한다. 마치 쇼핑 목록 같다. 그다음에 서명해서 하나님께 드리며 "주님, 제 삶을 드립니다. 제 삶을 받아 주세요"라고 말한다. 이것이 자기 포기라고 오해한다.

그러나 이것은 자기 포기가 아니다. 이렇게 시작해 보자. 빈 종이 맨 아래에 서명해서 하나님께 드리며 말하라. "주님, 여기에 채워 넣으소서. 무슨 내용을 쓰시든, 제 서명은 영원히 그 아래에 있습니다."

모든 것을 포괄하는 고비

자기 포기는 궁극적인 고비다. 삶의 모든 문제를 포괄하기 때문이다. 헨리 클레이 모리슨 박사는 "헌신하러 제단에 나올 때는 두 뭉치를 가지고 온다. 하나는 '알려진' 당신의 삶이고, 또 하나는 '알려지지 않은' 당신의 삶이다. 완전한 헌신은 이 둘을 다 제단에 올려놓는 것이다"라고 현실적으로 말했다.

이 때문에 특히 젊은이들이 혼란스러워하고 근심한다. 자기 포기는 당장의 문제이면서 끝없는 과정이다. 자기 포기를 이야기할 때는 그리스도의 주권에 자신의 의지를 내맡긴다는 뜻이다. 준비만 되면 언제든 시작할 수 있는 일이다. 만일 성령께서 당신을 '무르익게 만드셨다면' 그때가 카이로스 시간이다. 당신의 카이로스는 곧 하나님의 시간이다.

자기를 포기할 때 드리는 것은 무엇인가? 당신의 '의지'다. 당신은 그리스도께 당신의 의지를 드린다. 그러나 그 의지의 내용은 지금부터 삶을 통해 계속 채워 넣어야 한다. 오래전에 깨달은 사실이 있다. 그리스도인들에게 헌신을 요청했지만 사실은 심리적으로 불가능한 것을 요구했던 것이다. 자신도 모르는 것을 하나님께 드릴 수는 없기 때문이다. 긍정적으로 표현하자면, 당신은 우선 자신에 대해 인지하고 있는 것만을 하나님께 드릴 수 있다.

당신은 의지를 하나님께 드릴 수 있다. 자신에 대한 권리도 완전히 포기할 수 있다. 포기하기 위해 완전한 헌신을 할 수도 있다. 그러나 실제 상황에서 의지를 포기해야 할 구체적인 문제를 마주하기 전까지는 실질적으로 아무것도 포기한 것이 없다. 이것이 혼란스러운 이유다. 그리스도의 주권에 완전히 복종하겠다고 선언했지만 2주 후에 당신의 의지와 감정 사이에 갈등이 일어난다. 스크루테이프는 당신 귀에 속삭인다. "아하! 너는 2주 전에 정말로 포기한 게 아니었어. 그렇지 않아?" 성숙하지 않다면 이때 우울감에 빠져들기 쉽다.

하나님은 이스라엘 백성에게 말씀하셨다. "이 요단을 건너 내가 그들 곧 이스라엘 자손에게 주는 그 땅으로 가라 … 너희 발바닥으로 밟는 곳은 모두 내가 너희에게 주었노니"(수 1:2-3). 당신의 의지를 하나님의 의지에 완전히 맡길 수 있는데, 그것은 곧 의지에 대한 당신의 권리를 부인하는 것이다. 당신은 이야기한다. "하나님, 어떤 상황이든 하나님의 뜻을 선택하겠습니다." 당신이 좋아하는 것에 근거해서 선택할 권리를 포기하고, 하나님의 뜻을 찾고 따르고 발견하고 행하는 일에 완전히 헌신해야 한다. 그렇다. 이것은 인생의 중대한 고비이지만 매일 해야 하는 일이기도 하다. 우리는 구체적인 것, 구체적인 상황이 실제로 우리 의식 속에 떠오를 때에만 그것을 포기하기 때문이다.

당신은 아마도 완전히 포기한다며 이렇게 약속할 것이다. "하나님, 제 의지는 하나님의 것입니다." 이 말은 "하나님, 이제부터 무슨 일이 있더라도 하나님이 선택하시는 것을 선택하겠습니다"라는 뜻이다. 그러나 당신은 아직 아무것도 포기하지 않았고 아무것도 선택하지 않았다. 당신이 실제로 그렇게 할 때는 감정과 헌신

사이에서 갈등하게 된다. 완전히 포기했다고 해서 이제 당신이 로봇처럼 자동적으로 선택할 수 있게 된 것은 아니다.

겟세마네 동산에서 예수님이 겪으신 큰 갈등을 예로 들 수 있다. 사람들은 이 사건을 깊이 들여다보려 하지 않는다. 예수님은 고뇌하시며 세 번씩이나 땅에 엎드려 힘겨운 씨름을 감당하셨다. 왜 그런 갈등을 겪으셨는가? 오래전에 예수님은 자신을 완전히 포기하지 않으셨는가? 예수님의 의지는 아버지의 의지와 완전히 일치되지 않았는가? 두말할 나위가 없다. 예수님은 "내 양식은 하나님의 뜻을 행하는 것이고, 내 뜻은 하나님의 뜻이고, 내 기쁨은 내 아버지의 뜻을 행하는 것이다"라고 평생 말씀하지 않으셨던가? 물론이다. 예수님의 그 절대적 포기의 깊이와 아버지의 뜻에 대한 절대적 동의는 의심할 여지가 없다.

그러나 그 동산에서 예수님의 감정과 의지 사이에 깊은 갈등이 있음을 볼 수 있다. 자기를 포기한 그리스도인이라면 누구나 그 의미를 안다. 위대한 성자들은 대부분 이러한 과정을 거쳤고 내일 또 경험할 수도 있다. 놀라운 점은 예수님이 그 감정적 고통을 아무 부끄럼 없이 그대로 받아들이셨다는 것이다. 신약성경 기자들도 그 고통을 숨기거나 미화하려 하지 않았다.

그러므로 자기 포기가 단번에 이루어진다는 잘못된 개념을 젊은 그리스도인들에게 심어 주면 안 된다. 당신은 어쩌면 단번에 포기했을지도 모른다. "제 뜻대로 마시고 하나님의 뜻대로 되기를 원합니다"라며 남은 생애에서도 그렇게 헌신하기로 다짐했을 것이다. 그러나 이를 현실에 적용하고 구체적인 상황에서 실천하는 것은 전 생애에 걸친 과정이다. 이것은 성령 충만한 삶 속에서 성장할수록 더 나아질 수 있는 부분이다. 예수님처럼 감정과 의지 사이에서 갈등할 수 있음을 자신과 하나님 앞에서 정직하게 인정한다면, 우리는 더 분별 있고, 더 안전하고, 더 기분 좋고, 더 보람 있는 삶을 살 것이다.

내게 상담을 요청한 젊은 여성이 있었다. 그녀는 사랑에 빠져 있었는데 상대 남성이 자신과 맞지 않음을 깨닫기 시작했다. 그 남자를 사랑하면 사랑할수록 무시할 수 없는 영적 차이 때문에 갈등을 겪었고, 결국에는 자신에게 맞는 상대가 아님을 인정하게 되었다. 그녀는 상대에게 편지를 썼고 그 문제로 대화를 나눈 뒤, 절교를 선언했다. 그리고 며칠 지나 우울하고 낙심한 상태로 울면서 나를 찾아온 것이다. 무엇이 문제였을까?

그녀에게 영적으로 뭔가 문제가 있는 게 분명하고, 그렇지 않다면 이런 감정적인 어려움을 겪지 않을 거라고 그녀에게 단호하게 말한, 의도는 선했던 친구들이 있었다. 그녀는 계속 눈물이 났고, 일도 할 수 없었으며, 공부에 집중할 수도 없었다. 자신이 바른 일을 했음을 알았고, 결정을 번복할 의사가 전혀 없었지만 자신의 감정 때문에 너무나 힘들었다. 선의를 품었지만 제대로 알지 못하는 친구들은 그녀가 그 짐을 감당하도록 돕기는커녕, 이미 무거운 짐에 짓눌린 마음에 영적인 죄책감을 더했다.

나는 그녀에게 이야기했다. "당연히 울어도 됩니다. 당연히 우울해질 수도 있습니다. 갈등이 있을 수도 있습니다. 하지만 이야기해 보세요. 당신의 의지는 어느 쪽이죠?" 그녀는 바로 대답했다. "제 의지는 변하지 않았어요. 제가 해야 할 일을 했다는 것을 알아요." 우리는 성경책을 펴서 겟세마네 동산에 계신 예수님의 갈등을 같이 읽었다. 그녀는 요점을 알아챘다. 하나님에 대한 그녀의 헌신은 흔들리지 않았다. 그러나 감정이 그녀를 갈등으로 몰아갔던 것이다. 누군가 말했다. "의지는 급행을 타고 앞서 갈 수 있지만, 감정은 완행 화물편을 타고 따라간다."

갈등을 느낄 때 할 수 있는 최선의 방법은 내 감정을 하나님께 그대로 말씀드리는 것이다. 그다음에는 여러 해 전 하나님께 나를 완전히 드렸음을 되새기고 그 헌신을 상황에 적용하는 것이다.

당신은 의지를 하나님께 드릴 수 있다. 하나님이 당신을 준비시키셨다면 지금 모든 것을 완전히 하나님께 드릴 수 있다. 이것은 큰 전투이고 크나큰 고민거리다. 그러나 이것으로 끝이 아니다. 평생 주님께 드려야 하는 끝없는 포기의 시작일 뿐이다.

삶의 본질적인 비밀

자기 포기는 삶의 본질적인 비밀이기 때문에 삶의 궁극적인 고비다. 이것은 참된 자아를 찾고, 하나님이 계획하신 존재가 되며 자신만의 고유한 독특함을 발견하는 일이다. 자기 포기는 죽음을 의미하지만 그 뒤에는 부활이 따른다. 이것은 역설이다. 생명을 잃으려 하면 얻고, 얻으려 하면 잃기 때문이다. 마가복음 8장 34-37절을 새영어역(New English Bible)은 이렇게 번역한다. "나의 제자가 되려는 사람은 누구든지 자아를 버리고 자기 십자가를 지고 나와 같이 가야 한다. … 사람이 온 세상을 얻고도 자기 참된 자아를 잃으면 무슨 소용이 있겠는가? 잃어버린 자아를 되찾으려면 무엇으로 값을 치러야 하겠는가?"

참된 자아를 찾으려면 자기중심적이고 뒤틀려진 자아를 포기해야 한다. 자아를 포기하게 하시는 하나님의 목적은 자아를 파괴하는 것이 아니라 하나님이 의도하신 참된 자아로 거듭나게 하고 성장시키려는 데 있다.

샘 슈메이커(Sam Shoemaker)는 그의 책 *How You Can Find Happiness*(행복을 찾는 법)에서 이렇게 간증한다.

결정적인 영적 체험을 처음 한 이후, 오랜 시간이 지나 또다시 중요한 발걸음을 내디뎌야 할 필요성에 직면했던 순간을 생생히 기억한다. 내 결점을 정직하게 대면하자 나는 위축되었고 내 자아는 쪼그라들어 거의 보이지 않을 것만 같았다. 마치 이상한 나라에 들어간 앨리스가 작아진 것처럼 말이다. 이 과정이 계속된다면 빛이 꺼지듯 나도 그렇게 사라져 버리는 게 아닐까 하는 생각이 들었다. 하지만 실제로는 그렇지 않았다. 내가 마음으로부터 내 자신을 온전히 내려놓자 내 진정한 '자아'는 그 어느 때보다 충만하고 잘 표현되었다. 나는 이 모든 저항과 자기 고집의 팡파르는 '참된 자아'가 드러나서 승리하지 못하게 하려는 자아의 보호 장치라는 것을 깨달았다. 포기나 항복을 두려워하는 것은 자아의 계략이다. 페늘롱이 말했듯이 "자신을 자세히 들여다보면, 하나님께 자신을 드릴 의무가 없다고 생각하고 있음을 숨긴 비밀 장소가 있음을 알게 될 것이다." 그러나 이 거짓 자아가 죽기 전에는 참된 자아가 살 수 없다. 자아의 죽음은 인간의 모든 고비 중에서 가장 큰 고비다. (Dutton, pp. 91-92)

자기 포기는 인생에 대한 해답이기 때문에 궁극적인 고비다. 이 자아는 진정으로 살기 위해 죽는다. 이 사로잡힌 자아는 파괴되거나 멸절되거나 사라져 버리기 위해서가 아니라, 자유로워지고 참된 최고의 자아가 되기 위해 포기되는 것이다. 여기 조지 매터슨(George Matheson)의 위대한 찬송 〈나를 포로 삼으소서, 주여〉는 이 진리를 지극히 아름답게 드러낸다.

> 저를 포로 삼으소서, 주여, 그러면 제가 자유로울 것입니다
> 제 칼을 내려놓게 하소서, 그러면 제가 정복할 것입니다
> 홀로 서 있을 때, 저는 인생의 공포 속에 빠집니다
> 주님의 팔 안에 저를 가두소서, 그러면 제 손이 강할 것입니다
>
> 주님을 만나기 전에는 제 마음이 연약하고 가난합니다
> 제 마음을 움직이는 확실한 원동력이 없고 제 마음은 바람에 흔들

립니다

주님의 사슬에 매이기 전에 제 마음은 자유롭지 못합니다

주님의 끝없는 사랑의 사슬로 묶으시고 제 마음을 영원히 다스리소서

주님이 제 뜻을 주님 것으로 삼지 않으면 제 것이 아닙니다

제 뜻이 왕좌에 오르려 하면 왕관을 내려놓아야 합니다

제 뜻은 오직 주님 품에 기대어 당신 안에서 생명을 찾을 때에만,

맞붙은 갈등 속에서도 굽히지 않고 서 있습니다

아멘

12.
모든 면에서
그리스도를 닮아 가다

　지금까지 우리는 내면아이가 다양한 방식으로 나타나서 성인의 삶을 훼방하는 모습을 살펴보았다. 성장하려면 삶의 여러 영역에서 그 내면아이를 '버려야'(카타르게오) 한다는 것도 알았다. 치유되어야 할 유년기와 십 대 시절의 강한 기억이 있다. 덮개를 벗겨 드러내야 할 미묘한 은폐와 방어 행동이 있다. 끊어 내야 할 불건전한 콤플렉스와 강박관념도 있다. 반기를 들어야 할, 우리를 압제

해 온 비현실적 좌우명이 있다. 길들여야 할 버릇없는 감정과 풀어 주어야 할 억압된 감정이 있다. 꾸짖어야 할 유치한 거짓말, 해소해야 할 어리석은 혼란들, 바로잡아야 할 순진한 개념들이 있다.

이 과정에는 소극적, 적극적 노력이 모두 필요하다. 부정적인 행동을 버리고(카타르게오), 성숙하고도 긍정적인 감정과 이해, 개념과 행동이 자리 잡게 해야 한다. 따라서 이 과정은 사상, 감정, 의지, 행동, 즉 우리의 전 인격을 요구한다. 자신과의 관계, 타인과의 관계, 하나님과의 관계에서 성숙해질 것을 요구한다. 대다수 사람들은 삶의 최대 문제가 자기 자신이라는 데 동의할 것이다. 사무엘 호펜스타인(Samuel Hoffenstein)은 말했다. "내 문제는 내가 가는 곳마다 '내가' 따라다니며 모든 것을 망쳐 놓는다는 것이다."

아이가 학교에서 돌아와 엄마에게 물었다. "엄마, 전쟁은 어떻게 시작돼요?"

엄마가 대답했다. "글쎄, 지난 전쟁 이야기라면, 독일이 벨기에를 쳐들어가면서 전쟁이 시작됐단다."

신문을 읽고 있던 아빠가 말했다. "아냐, 벨기에가 아니라 폴란드였지."

엄마가 강하게 주장했다. "아녜요. 내가 정확하게 기억해요. 벨기에였어요."

"당신이 뭘 알아?" 아빠가 말을 이었다. "당신은 대학도 안 다녔잖아. 나는 대학에서 세계사가 부전공이었어. 전쟁은 독일이 폴란드를 침공하면서 시작되었다고. 알아들어?"

부부가 열을 내며 말싸움을 하고 소리를 지르게 되기까지는 오래 걸리지 않았다. 아이가 엄마를 잡아당기자 엄마가 아이를 뿌리치며 화를 냈다. "뭘 더 바라는 거야?" 아이가 말했다. "이제 됐어요, 엄마. 전쟁이 어떻게 시작되는지 알겠어요."

우리 안에 숨겨진 아이 때문에 우리는 믿기지 않는 미숙한 행동을 하기도 한다. 우리의 너무 많은 부분이 삶의 초기 발달 단계에 뿌리를 두고 있다. 이는 원죄와 우리 본성의 타락이라는 성경의 진리를 부인하지 않는다. "각기 제 갈 길로"(사 53:6) 행하는 우리의 죄를 과소평가하는 것도 아니다. 오히려 상황이 훨씬 복잡해지는 이유가 바로 이런 다양한 유치함 때문임을 알 수 있다. 이것들은 결함이나 연약함으로 분류될 수 있다. 즉 특정한 유형의 죄에 더 기우는 약점이거나 특정한 유형의 유혹에 더 취약한 한계들이다.

삶에 대한 책임

잔디를 굵고 건강하게 키워 준다는 비료 광고를 본 적이 있다. "싹은 위로 자라기 전에 밑으로 자랍니다. 따라서 뿌리를 어디에 내리느냐가 어떻게 자랄지를 결정합니다"라고 쓰여 있었다. 성인의 삶은 유년기와 십 대 시기에 깊이 뿌리내리고 있고 그 시절의 영향을 크게 받는다. 유명한 대학 축구 선수가 쓴 다음 기사는 매우 흥미롭다. 기사는 특히 다음 내용을 강조했다.

우리는 자궁이라는 신비한 곳이나 학문의 숲이 아니라 고등학교라고 불리는 낙원 같은 드라이브인(drive-in) 식당에서 지금의 우리가 된다고 말할 수 있다. … 여기서 우리는 양육되고 인격이 형성되며 신체가 구성된다. 습관과 기분과 가치관은 사춘기라는 혼란스러운 복도에서 자리를 차지하기 위해 경쟁한다. … 고등학교는 지속된다. 누구도 고등학교 시절에서 완전히 해방될 수는 없다. (*Sports Illustrated*, 1981년 8월 31일, p. 38)

다행히 이 기사의 결론은 사실이 아니다. 우리는 어린 시절의 상처와 피해, 우리 자신에 대해 들은 거짓말에서 구원받을 수 있다. 하나님의 구원하시는 은혜는 죄악 된 과거의 사슬을 끊을 수 있고, 하나님의 재구성하시는 은혜는 잘못 구조화된 과거의 강박을 해소해 주실 수 있다.

나는 남부의 빌 글라스 감옥 선교단에서 회심한 사람의 아름다운 간증을 들었다. 그는 팔에 붕대를 감은 거구의 남자였는데 교도소에서 가장 거친 사람이었다. 이 사람은 선교단 집회 첫날 그리스도를 구주로 영접했고 며칠이 지난 후 이렇게 말했다. "저한테 무슨 일이 일어나긴 했는데 도저히 이해할 수도 없고 설명할 수도 없어요. 아침에 일어나서 소리를 지르지도, 비명을 지르지도 않게 됐거든요. 같은 방 동료들도 그 이야기를 했어요. 제가 할 수 있는 유일한 설명은 어렸을 때부터 제 머릿속에서 재생되던 테이프 대신 새 테이프로 누군가 갈아 끼웠고 그 테이프에서 새로운 이야기와 음악이 흘러나온다는 겁니다."

그가 받은 교육 수준에 비하면 정말 놀라운 통찰력이었다. 그는 이미 갱신과 재프로그램 과정을 경험하고 있었다. 얼마 후 그는 중요한 사실을 하나 더 발견하고 덧붙였다. "그래도 저는 계속 노력해야 하고, 올바른 테이프가 재생되고 있는지 확인해야 해요."

그는 자신이 감당해야 할 책임이 무엇인지 알았다. 혹시라도 이 책에서 한 말 때문에 누군가 오해할지 몰라서 이야기하자면, 과거에 받은 상처와 피해를 찾아내려는 이유는 누군가를 비난하기 위해서가 아니다. 통찰을 명확히 하고, 진짜 문제를 파악해서, 기도와 노력을 올바른 곳에 쏟기 위해서다.

사람들이 자기 책임을 회피하기 위해 얼마나 애쓰는지를 보면 참으로 놀랍다. 1978년 3월, 콜로라도 출신의 어느 남성은 부모를 상대로 '부실 양육 소송'을 걸었다. 지금의 그가 되기까지 부모가 양육을 잘못해서 '그의 삶을 망쳤으니' 배상하라며 30만 불을 청구했다. 그러나 양육에는 '법정 기한'이 있고 일정 나이가 되면 성인은 자신의 삶에 책임을 져야 한다는 이유로 소송은 기각당했다. 기각되지 않았다면 형제와 자매와 동료들을 상대로 한 소송이 잇따랐을 것이다.

예수님은 타인을 희생양으로 삼고자 하는 모든 시도와 핑계를 물리치는 놀라운 방법을 알고 계셨다. 예수님은 항상 스스로 책임을 통감하게 하셨다. 우리가 정직하다면 모든 문제가 자신에게 있다는 데 동의할 것이다. 마치 손가락이 한 손에 붙어 있듯이 이 문제들은 모두 우리의 자아에 뿌리를 두고 있다. 이 자아가 온전해지려면 세 가지 영적 경험이 필요하다. 즉 용서와 치유와 포기다.

용서받은 자아

비행기가 추락하면 모든 관심이 '작은 검은 상자', 곧 블랙박스에 쏠린다. 블랙박스는 사고 당시 조종사의 행동과 말이 기록되어 있는, 방화와 방수와 충격 방지 기능을 갖춘 금속 상자다. 조사관들이 블랙박스를 확보하면 누가 잘못했고 무엇이 잘못됐는지 정확히 판단할 수 있다.

하나님은 우리 안에 블랙박스 같은 장치를 설치해 놓으셨다. 우리의 기억은 말하고 행동한 모든 것을 정확히, 지워지지 않게 기록해 둔다. 우리의 양심도 이것의 한 부분으로, 죄책감을 해결하지 못하고 오래 시달리는 것도 양심이 있기 때문이다. 가끔 진정한 죄책감과 위장된 유치한 죄책감이 섞이기도 한다. 우리는 시편 기자처럼 "내 죄가 내 앞에 있나이다"라고 말한다. "있었나이다"라고 말하지 않음에 유의하라. 기자는 현재형을 쓰고 있다. 우리는 과거의 문제라고 말하지만, 진짜 문제는 과거가 과거에 머물지 않는다는 데 있다. 그것은 현재에 존재하고 있으며 우리는 그것을 목에 사슬처럼 걸고 다닌다.

인생에서 용서가 치유에 가장 효과적이라면, 가장 파괴적인 것은 죄책감으로 보인다. 우리는 죄책감을 느끼도록 지음받지 않았기에 어떻게든지 그것을 속죄하거나 없애 버리려고 자연적으로 애쓴다. 때로는 죄책감을 몸과 마음에 품고 다니기 때문에 인격 전체에 영향을 준다. 또 그 죄책감을 가방에 넣고 다니다가 다른 사람에게 쏟아내기도 한다.

죄책감을 내려놓고 진정한 용서의 의미를 찾을 수 있는 유일한 곳은, 십자가에 못 박히신 그리스도다. 이사야 53장 6절은 "우리는 다 양 같아서 그릇 행하여 각기 제 길로 갔거늘 여호와께서는 우리 모두의 죄악을 그에게 담당시키셨도다"라고 말했다. 베드로전서 2장 24절은 "친히 나무에 달려 그 몸으로 우리 죄를 담당하셨으니"라고 말한다. 우리는 더 이상 죄책감이나 정죄감을 감당하지 않아도 된다. 죄책감과 용서받지 못한 자아를 '버리기'(카타르게오) 전에는 죄책감의 고통에서 벗어나 자유와 평화로 나아갈 수 없다.

나는 기억의 치유에 대해 많은 글을 썼다. 그런데 하나님도 그분의 기억을 치유하셨다는 생각이 얼마 전에 들었다. 십자가는 하나님의 기억의 신비와 관련 있다. "내 젊은 시절의 죄와 허물을 기억하지 마시고"(시 25:7)라든지 "우리 열조의 죄악을 기억하여 우리에게 돌리지 마옵소서"(시 79:8, 개역한글)라는 말씀처럼 하나님이 우리의 죄를 기억하지 않으신다는 말씀이 성경에 여러 번 나온다.

이 놀라운 사실을 코리 텐 붐은 독창적인 방식으로 이야기했다. "하나님은 용서하고 잊으신다. 우리 죄를 바다에 던지시고 '낚시 금지' 부표를 띄우신다." 기도할 때마다 과거의 잘못을 하나님께 상기시켜 드렸다는 청년이 있다. 그가 내게 해 준 말이 이 문제 해결에 큰 도움이 되었다. 어느 날, 그가 또 그렇게 기도하자 하나님이 이렇게 속삭이셨다고 한다. "아들아. 그만 됐어. 더 이상 그 죄를 내게 상기시키지 마라. 내가 그 죄를 오래전에 잊었다는 사실을 나는 또렷이 기억하고 있다."

그리스도인이 성숙해지는 첫걸음은 이미 용서받고 잊힌 죄에 대한 왜곡된 자기 정죄와 내적인 속죄를 끝내는 것이다. 죄책감에 사로잡힌 자아가 아니라 용서받은 자아가 되어야 한다.

치유받은 자아

잘못된 반응을 가리킬 때 자주 쓰는 말이 있다. "수소 앞에서 빨간 깃발을 흔드는 격이다." 수소는 빨간색을 보면 성을 낸다. 그래서 스페인의 투우사들은 빨간 망토를 사용한다. 수소는 빨간색을 보면 자동적으로 고개를 숙이고 발로 땅을 차며 돌진한다.

성격도 이와 같다. 어린아이 같은 반응을 이해하는 한 가지 방법은 그것을 다양한 색깔 깃발로 여기는 것이다. 예수님은 "시험에 들지 않게 깨어 기도하라 마음에는 원이로되 육신이 약하도다"(마 26:41)라고 경고하실 때 이 기본 원리를 이미 알고 계셨다. 예수님은 모든 사람에게 각자의 성향(predisposition)이 있음을 아셨다. 이 영어 단어를 보자. '앞에'(pre)와 '기질, 배열'(disposition)이 합쳐진 단어다. 성향이란 내면에 있으며, 기질 앞에 있는 것으로서 사람을 특정 방향으로 밀어붙이는 요소다. 이는 그 사람만의 고유한 깃발과 같은데, 그 깃발이 눈앞에서 흔들리면 특정한 반응이 촉

발된다. 이러한 비기독교적인 콤플렉스, 그리고 과거에서 비롯된 불건전한 충동이 그를 주춤하게 만들고 아래로 끌어내린다. 회개하고 성경을 읽고 하나님께 호소하고 기도하지만, 유치한 행동은 반복될 뿐이다.

어느 주일, 나는 성찬식을 인도하고 있었다. 평소보다 참석자가 많아서 시간이 오래 걸리는 것 같았다. 나는 짜증이 나기 시작했다. 조급해지면서 땀이 났다. '정말 말도 안 돼. 성의를 입고 교회 성전에 서 있는 내가 성찬식이 몇 분 늦어진다고 투덜대고 있다니….' 나는 한 장면을 보았다. 약속 시간에 못 맞출까 봐 늘 안절부절못하는 할머니와 함께 있는, 어린 소년인 나를 본 것이다. 할머니는 기차 시간보다 45분 일찍 역에 도착해야 직성이 풀리는 분이었다. 할머니가 재촉하는 소리가 들리는 듯했다. "빨리빨리, 데이비드! 왜 그렇게 꾸물거려? 서둘러. 늦겠어." 나는 조용히 기도했다. "주님, 저를 자유롭게 해 주세요. 예배가 늦어질 때마다 제가 이럽니다. 허둥대는 어린 소년이 제 삶을 망치는 일이 이제 싫습니다." 그 이후로 나는 느긋해질 수 있었고 그런 일로 다시 힘든 적이 없었다. 그때까지 빡빡한 일정은 내 얼굴 앞에서 흔들리는 **빨간 깃발**이었고, 나는 그 깃발을 보고 성급하고 과도한 불안감을 보였다. 당신은 어떤가?

- **분노의 빨간 깃발.** 남편이나 아내, 자녀나 친구가 어떤 말을 하거나 어떤 행동을 할 때 분노라는 부정적 반응이 즉각적으로 일어나는가? 그렇다면 깊은 곳에서 빨간 깃발이 흔들린 것이다.

이를 가장 강하게 경험하는 곳은 결혼 관계와 가정이다. 그래서 어떤 사람은 이런 경향을 '혼수 가구'라고도 한다. 사람들이 결혼 관계 안에 가져오는 기본적인 성격적 장치와 반응이기 때문이다. "여보, 이 쓰레기 좀 내다 버려 줄래요?"라는 단순한 말이 빨간 깃발일 수 있다. 그렇게 빨간 깃발이 흔들리면 수소, 즉 남편이 화를 내며 달려든다. 남편이 아내의 씀씀이를 나무라면 아내는 궁색했던 어린 시절이 기억나서 발끈한다.

• **두려움의 노란 깃발.** 가끔 누군가를 가리켜 "그 사람 얼굴이 노래졌어"라고 말한다. 두려워하거나 위축되었다는 뜻이다. 두려움은 강력하며 우리를 마비시킬 수 있다. 성경은 세 가지 큰 두려움을 말한다.

첫째는 창세기 3장 8-10절에 기록된 첫 범죄 후 아담이 느낀 두려움이다. 어디 있느냐고 하나님이 찾으시자 아담은 나무 뒤에 숨어서 "내가 두려워서 숨었습니다"라고 말한다. 그는 자신의 행동과 실체를 하나님이 아시면 용납하지 않으실까 봐 두려웠다. 아담은 가장 순수한 무조건적인 사랑을 경험한 사람이다. 사실 그의 두려움은 죄책감과 자기 정죄에서 나온 것이었다.

오늘날 우리는 매우 조건적인 사랑을 경험한 사람들에게서 이런 두려움을 자주 본다. 그 원인이 죄책감이든 잘못된 사랑이든, 이것은 매우 깊이 자리 잡은 두려움이다. "내가 진짜 어떤 사람인지 사람들이 안다면 나는 사랑받지도, 받아들여지지도 못할 거야." 이 같은 두려움에 대한 해답은 하나님의 위대한 약속에서 찾을 수 있다. "하나님이 우리에게 주신 것은 두려워하는 마음이 아니요 오직 … 사랑과…"(딤후 1:7).

지금 있는 모습 그대로 우리를 용납하시는 하나님의 무조건적인 사랑과 은혜야말로, 거절당할지 모른다는 두려움에 대한 해답이다.

캐시는 분노와 두려움 때문에 도움을 청하러 왔다. 그녀는 용납됨과 인정받음을 구별하기가 어려웠다. 거절당할 것이라는, 특히 남성들에게서 거절당하리라는 두려움이 있었다. 아버지는 그녀를 외면했고, 함께 있어 주거나 그녀의 말에 귀를 기울인 적이 없었다. 한번은 가게에서 사랑의 메시지가 적힌 액자를 보았다. 그녀는 돈을 모아서 아버지에게 그 액자를 사 드렸다. 아버지는 퉁명스럽게 말했다. "이런 쓰레기 같은 건 질색이다!" 그녀는 그날 마음에서 뭔가가 꺼진 듯한 느낌이 들었다고 했다. 훗날 아버지는 마음이 누그러져 이해심 많고 애정 어린 눈으로 딸을 바라보았지만, 그녀는 여전히 화가 풀리지 않았고 두려웠다. 이 감정은 그녀의 인간관계와 하나님과의 관계에 영향을 끼쳤다. 그녀는 용서하고 타인의 인정을 받아들이고 사랑하는 법을 차차 배웠다. 나와 상담을 하고, 사랑 넘치는 그리스도인 가정과 우정을 나누면서 하나님의 '아버지 되심'을 이해하게 되었다. 마음을 털어놓고 자신의 실제 모습을 공개하면서, 그녀는 자신이 용납되고 사랑받는 존재임을 깨달았다.

또 다른 두려움은 예수님의 비유에 나오는 한 달란트 가진 사람에게서 볼 수 있다(마 25:14-30). 그는 자신이 쓸모없는 존재일지 모른다는 두려움이 있었다. 그는 주인이 가혹하고 무리한 요구를 할까 봐 자신이 받은 한 달란트를 묻어 두었다. 이런 두려움은 "좀 더 잘해"라는 좌우명으로 삶을 살아온 사람들을 괴롭힌다. 그들은 하나님과 사람들이 능력 이상의 것을 요구한다고 생각한다. 하나님이 우리에게 주신 것은 두려워하는 마음이 아니다. 하나님이 주신 것은 능력이다. 하나님은 주시지 않은 것을 요구하지 않으신다. "너희를 부르시는 이는 미쁘시니 그가 또한 이루시리라"(살전 5:24). 우리가 자주 들은 대로, 중요한 것은 우리의 능력이 아니라 하나님이 우리를 쓰실 수 있는가다.

욥이 이야기한 두려움이 있다. "내가 두려워하는 그것이 내게 임하고 내가 무서워하는 그것이 내 몸에 미쳤구나 나에게는 평온도 없고 안일도 없고 휴식도 없고 다만 불안만이 있구나"(욥 3:25-26). 이것은 내가 부족하고 삶에 대처할 수 없으리라는 두려움이다. 부모처럼 신경 쇠약에 걸릴까 봐 두렵다고 말하는 사람들이 있다. 이혼으로 끝나버릴까 봐 결혼하기를 두려워하는 사람들이 있다. 어릴 때 가정에서 겪었던 비극과 트라우마를 자신이 그대로 재생산하게 될까 봐 두려워하는 사람들이 있다. 하지만 다시 한번 말씀이 우리를 구원한다. "하나님이 우리에게 주신 것은 두려워하는 마음이 아니다. 오직 능력과 사랑과 근신하는 마음이다." 하나님은 악순환의 고리를 끊으시는 분이다. 하나님은 '새 출발' 분야의 전문가시다. 단순한 두 번째 기회가 아니다. 이것은 사랑과 선함으로 완전히 새로운 긍정적인 순환을 시작하는 첫 번째 기회다. 하나님은 두려움이라는 노란 깃발을 찢어 버리신다.

- **학대의 검은 깃발.** 시커멓거나 적어도 잿빛인 사건, 즉 버림받고 더러워지고 수치심으로 가득했던 경험을 가진 사람들이 많다. 그런 일들은 예민한 아동기, 사춘기와 청년기의 폭풍 같은 시기, 또는 감수성이 강한 성인 초년기에 일어나기 쉽다. 성적 경험과 관련된 일들도 많다. 이런 비극적이고 파괴적인 사건들이 실질적으로 증가 추세에 있는지, 아니면 그저 상황이 공개되어 더 많이 이야기되고 있는 것인지는 분명하지 않다. 내 견해로는, 우리 시대는 성적 황무지이고 도덕적 울타리가 별로 없기 때문에 성적 학대는 분명히 증가하고 있다.

내 파일함에는 깊은 상처를 받은 성적 경험 때문에 연애나 결혼 생활에서 자연스럽고 정상적인 반응을 할 수 없다고 호소하며 도움을 청하는 수많은 편지가 있다. 그러나 이는 구원받고 깨끗해지고 치유받은 기쁨으로 가득한 편지이기도 하다. 다음은 동성애에서 벗어난 여인의 편지다.

현재 저는 하나님과 그분의 인도하심을 기다리고 있습니다. 내 존재의 중심에서 악성 종양이 제거된 느낌입니다. 고요하고 편안해요. 흥분과 기대감도 느껴집니다. 마치 예수님이 제 안에 오셔서 제 안의 것을 꺼내시며 제 안에 실제로 무엇이 있는지 보여 주시려는 것 같아요. … 제가 알고 있는 어떤 것들은 하나님께 넘겨졌습니다. 어떤 것들은 치유되었고, 아팠던 부분도 이제 온전해진 것 같아요. 하나님은 제가 그분 안에서 어떤 사람이 될 수 있는지 가르치셨습니다.

그녀가 경험한 치유의 깊이는 행복하게 유지되는 오랜 결혼 생활이 증명해 준다.

내가 가장 좋아하는 편지는 아이린이 보낸 편지다. 대학생 시절 그녀는 아버지에게 성적 학대를 당했고, 그 끔찍하고 추악한 기억을 치유받기 위해 우리는 오랫동안 함께 기도했다. 그 후 몇 년간 소식을 듣지 못했는데 어느 날 아이린이 긴 편지를 보내 왔다. 아버지가 중병에 걸렸는데 돌아가시기 전에 그녀를 만나기 원했다는 것이다. 아이린은 공포와 불안에 떨며 아버지를 만나러 갔다.

아버지에게 어떤 감정을 갖게 될지 확신할 수 없었습니다. 제가 믿었던 것처럼 제 감정이 정말 치유되었는지, 육체적으로 가까이 가면 여전히 메스꺼움을 느낄 것인지, 사랑과 염려가 제 진심이라 해도 그것을 정말 말로 표현해야 할지 말이에요. …
그곳에서 부모님과 같이 지낸 두 주는 정말 놀라웠어요. 주님이 저를 꼭 안으시고 모든 것을 인도하시는 것을 느꼈어요. 아름답고 잊지 못할 경험이었고, 그로 인해 주님을 찬양합니다. 무엇과도 바꿀 수 없는 경험이었어요! 저는 주님이 주시는 특별한 기쁨과 평화로 충만했어요. 아버지를 뵙자마자, 우리 사이에 친밀감이 생기고 서로 이해하고 있음을 알 수 있었어요. 저는 솔직하고 기쁨에 찬 사랑으로 아버지의 약하고 야윈 몸을 껴안고 사랑한다고 말했습니다. 아버지는 눈물을 흘리셨어요. 아버지도 저도 모든 과거는 어린양의 피로 용서받았음을 알았습니다.

거기에는 치유와 온전함, 말로 표현할 수 없는 이해함이 있었습니다. 마음이 벅차올랐어요. 주님을 믿으면서 받은 치유와 사랑은 오래전부터 내 것이었는데 그것을 이론적으로 받아들일 뿐 아니라 아버지의 품 안에서 그 사실을 실제로 느끼게 되었어요. 목사님께 전화로 이 모든 일을 나누고 싶었지만, 우선 이렇게 편지로 말씀드립니다.

그녀는 아버지가 죽음을 앞두고 그리스도를 개인적으로 영접하도록 인도했던 특권과 그 몇 주간 아버지와 함께한 교제에 대해서도 적었다.

포기의 하얀 깃발

바울은 하나님께서 우리에게 '견고한 진을 무너뜨릴 만큼' 강력한 무기를 주셨다고 상기시킨다. "오직 어떤 견고한 진도 무너뜨리는 하나님의 능력이라 모든 이론을 무너뜨리며 하나님 아는 것을 대적하여 높아진 것을 다 무너뜨리고 모든 생각을 사로잡아 그리스도에게 복종하게 하니"(고후 10:4-5). 적진을 함락했다는 마지막

표시는 적기가 내려갔느냐다.

우리 부부의 선교 사역에서 가장 흥미진진했던 경험은 영국에서 인도로 정권이 이양되는 현장에 있었다는 것이다. 우리는 1947년 8월 15일, 영국 국기가 천천히 내려가고 독립한 인도의 삼색기가 그 자리에 게양되는 것을 수많은 군중과 함께 지켜보았다. 지역 경찰 밴드가 동요 "런던 다리가 무너진다!"(London Bridge is Falling Down)를 연주하며 유머를 곁들였다. 코믹한 음악 선택에도 불구하고 경이롭고 신나는 시간이었다.

그러나 나는 더 큰 특권을 누렸다. 하나님의 지혜와 능력으로, 유치함과 연약함과 미성숙함의 옛 요새가 무너지고 그리스도의 깃발이 올라가는 것을 수백 명과 함께 보았기 때문이다.

그러나 이러한 승리 전에는 늘 일련의 투쟁이 있다. 이 투쟁은 마음, 감정, 의지 등 전 인격의 모든 부분이 연관되어 다양한 형태로 나타난다. 유치한 것들이 없어지는 과정에는 크든 작든 마찰이 있다. 궁극적으로 무조건 항복한다는 백기를 볼 때까지 자신을 쳐 복종시키는 결정적인 전투를 치러야 한다. 그 후에 그리스도의 깃발이 올라가고 그리스도께서 그분의 주권을 선포하실 수 있다.

그리스도의 깃발이 실제로 무엇인지 생각해 본 적이 있는가? 그것은 단순한 흰색 깃발인데 작은 파란색 부분에 십자가가 새겨져 있다. 이것은 우리의 포기라는 표시 위에 새겨진, 정복자 그리스도의 상징이다.

이런 질문을 받은 사람이 있다. "당신은 기독교인입니까?" 그는 잠시 생각하더니 대답했다. "때때로 그렇습니다"(Yes, in spots). 성령님께 우리를 드려서 성령님이 우리를 흠 없고(spotless) 성숙한 하나님의 자녀로 만들어 가시기를 기도한다.